PROCÈS

D'UN MAGNÉTISEUR

LA CIBLE DES PROFANES

Toulouse. — Imprimerie Centrale, E. VIGÉ, rue des Balances, 43.

PROCÈS

D'UN

MAGNÉTISEUR

CIBLE DES PROFANES

RÉSUMÉ DE HUIT JUGEMENTS

Cinq procès — Trois appels

DEUX MODIFICATIONS DE JUGEMENTS

UNE ARRESTATION ARBITRAIRE

PRISON !

PAR

C. SURVILLE, médecin.

Aucun chemin dè fleurs
Ne conduit à la gloire.

PRIX : 2 FRANCS

TOULOUSE

F. GIMET, LIBRAIRE - ÉDITEUR
66, rue des Balances, 66

PARIS

DELAHAYE, LIBRAIRE-ÉDITEUR
Place de l'École de médecine.

1875

PROLÉGOMÈNES

———

Je n'ai d'autre but, en publiant l'histoire de mes procès, que de livrer à la conscience publique toutes les tracasseries dont j'ai été l'objet, depuis mon début dans le magnétisme. Jusqu'à ce jour, en dix-huit ans, je n'ai pas eu moins de huit jugements, cinq procès, trois appels, deux modifications de jugements, une arrestation arbitraire, et une peine corporelle de quatre-vingt-dix jours; en tout vingt affaires, qui se sont déroulées devant plusieurs tribunaux et cours, avec des dénouements trop bizarres pour ne pas être signalés.

A la suite d'une pareille avalanche de poursuites judiciaires, on comprendra les singulières réflexions que j'ai dû faire. Pour ne pas en pleurer, j'ai fait comme le héros de Beaumarchais, je me suis hâté d'en rire.

Les procès, c'est mon élément. J'ai eu des procès alors que j'étais simple magnétiseur, bien humble et bien obscur; modeste étudiant en médecine, j'ai eu encore des procès; médecin aujourd'hui, j'ai des procès. N'est-ce pas dans l'ordre? Ah! mes persécuteurs ne se lassent pas; il semble même que leur haine ne fait, avec le temps, que croître et embellir.

Si encore on avait à me reprocher une forfaiture quelconque; si j'avais été nuisible à mon prochain; si j'avais abusé de mon art dans un intérêt coupable; si j'avais manqué en quoi que ce soit aux devoirs de la confraternité, je comprendrais, j'absoudrais même ces poursuites acharnées; mais non, cent mille fois non, absolument rien de tout cela. Jamais, pendant ces dix-huit ans d'incessantes avanies, mon désintéressement, ma bonne foi et ma probité n'ont été trouvés en défaut; personne, j'ose le dire ici hautement avec ma conscience, personne ne s'est jamais trouvé pour m'accuser dans les diverses enquêtes qui ont été faites sur ma moralité à diverses époques. Si j'ai été condamné, c'est pour avoir pratiqué le magnétisme, et si j'ai enfreint la loi, ce n'est que par excès de bonté et par ignorance du Code. Ignorance désastreuse, hélas! car je sais aujourd'hui ce qu'il en coûte de dépasser inconsciemment les bornes de la légalité.

Cependant, et ce n'est pas ce qu'il y a de moins étonnant dans tout ceci, j'ai pu, au milieu de cette tourmente redoutable, étudier à fond le magnétisme et les sciences occultes; acquérir, après cinq ans de labeur acharné, deux diplômes de médecin, l'un, à l'Ecole de médecine de Toulouse, l'autre, à la Faculté de Montpellier; et je suis arrivé, après douze ans de pratique médicale, à me créer honnêtement une nombreuse et sympathique clientèle, si bien que je n'ai rien à envier aujourd'hui au plus heureux de mes confrères.

Voulez-vous que je vous dise maintenant ce qui m'a toujours consolé et encouragé dans mes revers? C'est que le grand juge, l'*opinion publique*, m'a toujours absous et reconnu plutôt victime que coupable.

La meilleure preuve de ce que j'avance, c'est les marques d'affection, de bienveillance et d'encouragement de tous mes clients, et d'un grand nombre de plusieurs autres personnes que je reçois à la suite de chaque procès. Du reste, le chiffre toujours croissant de ma clientèle vient confirmer encore ce que j'avance.

Outre la sympathie, il y a autre chose qui augmente ma clientèle; c'est ce qu'il y a de plus beau, de plus recherché, de plus envié au monde : le fruit défendu. Ah! le fruit défendu! voilà ce qui fait surtout grossir ma clientèle après chaque procès, et ceux qui viennent à moi m'accordent tous leur confiance, ce qui prouve surabondamment qu'ils m'en croient toujours digne; et c'est pour moi, chers lecteurs, les seuls titres de probité et de gloire que j'ambitionne.

Les malheureux! Si beaucoup de ceux qui ont juré ma ruine et ma perte étaient obligés de passer par toutes ces épreuves, il y a bien longtemps qu'ils ne seraient plus; mais c'est égal, le grand architecte de l'univers, le puissant créateur de toutes choses, n'abandonne jamais ses pauvres déshérités du monde; il sait aussi rendre en temps et lieu justice à chacun selon ses bonnes ou mauvaises œuvres. Tout est bien qui finit bien.

La vérité est que, malgré la haine, la jalousie et toutes les persécutions dont j'ai été l'objet de la part d'adversaires innombrables, je continue toujours mon œuvre de bien. Je pardonne à ceux qui m'ont fait du mal.

J'ai payé bien cher, soit de mes deniers, soit de ma personne, des méfaits chimériques; n'importe, aujourd'hui je suis libre, je ne dois plus rien à personne; j'ai payé toutes mes dettes, ce que ne peuvent point dire bien des inutiles qui ont suscité des poursuites contre moi.

J'attends de nouveau, calme et paisible, qu'il plaise à mes implacables adversaires de renouveler leurs exploits.

Le seul plaisir que j'aie ambitionné de tout temps a été celui de consoler, soulager ou guérir le plus de malheureux qu'il m'a été possible. J'ai cru en cela suivre les préceptes du premier magnétiseur, celui qui disait : « Le monde est à vous, mais soyez simples comme la colombe et prudents comme le serpent. » Oui, c'est bien le Christ qui a été le premier magnétiseur, qui consola tous les affligés, guérit tous les pestiférés, et soulagea toutes les misères de son temps.

Gloire et respect à ce Jésus qui disait à ses douze futurs martyrs : « Quittez vos filets et faites-vous pêcheurs d'hommes ; allez par le monde, guérissez et conservez ; rendez la vue aux aveugles, l'ouïe aux sourds ; guérissez les paralytiques et les possédés par l'imposition des mains et la puissance de l'amour du bien ; ayez seulement de la foi comme un grain de chenevis, et vous transporterez des montagnes, » et qui ajoutait : « Pour que le monde soit à vous, recevez la lumière et le don des langues, mais n'oubliez jamais que l'*union fait la force*, et que partout où vous serez trois réunis en mon nom, je serai au milieu de vous ; je suis le vrai cep, et mon Père est le vigneron. — Il m'a aimé comme je vous ai aimés, disait encore Jésus à ses amis en les engageant de laisser venir à lui les petits enfants ; et pendant que vous réunirez toutes mes brebis, dans une seule bergerie près de gros pâturages pour les garder des loups dévorants, je vous enverrai le Consolateur qui vous enseignera tout ce que vous ne pouvez entendre maintenant, et qui vous remettra en mémoire toutes les choses que je vous ai dites. En attendant ces choses, fortifiez-vous par la prière et la volonté ; soyez la pierre angulaire du nouvel édifice de salut et de rédemption qui écrasera celui sur qui elle tombera, ou qui tombera sur elle, et comme vous le dira saint Jean l'apôtre de l'amour, mon disciple bien-aimé, je vous dis : « Aimez-vous les uns les autres. »

» C'est par amour pour vous, et pour faire naître un nouvel homme dans le vieil homme, que j'ai donné ma vie pour sauver la vôtre ; pour vous que j'ai aimé comme mon Père m'a aimé, et comme il vous aimera tous à cause de moi, qu'il a envoyé vers vous révéler sa loi d'unité, d'amour et d'harmonie universelle ; sa loi de salut, de pardon et de bonheur pour tous sans exception de personne, d'âge, ni de sexe, mais surtout pour tous ceux qui souffrent, qui sont déshérités selon les lois qui passent comme les hommes d'un jour et qui se fanent comme les herbes de la prairie pour faire place aux fleurs de la saison nouvelle. »

Ainsi, gloire et respect à ce Jésus, à ce pèlerin de l'Egypte, glaneur des sagesses antérieures, qui va ensemencer les champs de l'avenir et qui dit à ses apôtres : « Maintenant que je succombe à la haine des hommes, ils vous feront mourir à cause de moi. »

Depuis longtemps j'ai fait une remarque que beaucoup de personnes ont pu faire, c'est que le plus grand ennemi de l'*homme*, c'est l'*homme*.

Pour ma part, je suis bien persuadé que si j'étais venu au monde trois cents ans plutôt le bucher ou l'instrument de torture aurait admirablement fonctionné à la satisfaction de mes persécuteurs. Il est certain qu'on m'aurait condamné alors, comme possédé, enchanteur ou sorcier, car généralement les hommes sont mieux portés vers le mal que pour le bien; et si l'antropophagie, le cannibalisme disparaissent insensiblement de nos mœurs, l'instinct de haine, de persécution devient plus florissant que jamais. Ce qu'il y a de regrettable surtout, c'est de voir accolés à des faits épouvantables d'intolérance et de superstition les noms d'hommes célèbres, savants, docteurs, médecins, etc. (1). Quel

(1) Singulière expertise médico-légale du temps où l'on mettait à mort les individus réputés sorciers. — La paralysie de la sensibilité œs hystériques, considérée comme preuve de sorcellerie. — Les hallucinations chez les prétendus sorciers.

Le Comité d'histoire Vosgienne, créé à Epinal en 1867, publie sous le titre : *Documents rares et inédits de l'histoire des Vosges,* un recueil très intéressant d'anciens écrits, et duquel le troisième volume vient de paraître (1).

A la page 249 de ce volume, on lit, dans le style de 1619, le procès-verbal de la visite et de l'interrogatoire d'une jeune fille accusée de « sortilége et maléfice. » Voici un extrait de ce procès-verbal :

« ..... Nous, après avoir admonété la dite Claudon de nous dire et confesser la vérité du dit crime, et sur ce qu'elle ne l'a voulu faire, l'avons fait raser et visiter par toutes les parties de son corps en nos présences, par M. Claude Picard, chirurgien, demeurant à Conflans, homme à ce expert et usité, lequel nous a fait voir à l'œil quatre marques sur la personne de la dite Claudon : l'une au derrière de la tête, sur l'ippéricrane, une autre au bras dextre, sur la

(1) A Paris, Dumoulin, quai des Augustins, 15. Epinal. — E. Gray, imprimeur du Comité.

lien puissant viendrait resserrer les hommes entr'eux, quelle harmonie s'établirait, si tous les hommes savaient comprendre qu'ils peuvent mutuellement se venir en aide et

grande focille, au milieu des muscles, une autre en la cuisse dextre, et la quatrième sur la hanche senestre. « Dans l'une et dans l'autre desquelles le dit Picard a planté de grandes épingles assez profondément et jusqu'aux os, sans que la dite Claudon ait fait aucun semblant d'en ressentir douleur, ni que des dites piqûres en sortir aucune goutte de sang. » Ainsi que l'avons vu et reconnu, aut moyen de quoy le dit Picard, par le serment par luy prêté, a rapporté les dites marques selon son jugement et l'expérience *journalière* qu'il a, à semblables visites où il est dordinaire appelé, être vraiment marques du malin esprit, et telles que les sorciers et sorcières sont marqués, ainsi qu'il en a reconnu plusieurs pareilles par cy-devant. De tout qu'oy a été le présent acte qui sera communiqué au dit sieur procureur fiscal. »

Je ne sais ce que pouvaient être les marques constatées par le trop habile M. Picard, si elles étaient congénitales (des nœvi) ou acquises, et telles que les taches qui se rencontrent dans certaines cachexies ou certaines maladies nerveuses ; mais dans l'insensibilité qu'à montrée cette malheureuse jeune fille à l'action des grandes épingles de ce chirurgien, je crois voir l'analogue de ce que l'on a souvent vu se produire chez les hystériques, et dont je vais citer un exemple, qui est des plus remarquables : Une jeune fille d'un village des Vosges, qui avait de fréquentes attaques hystéro-épileptiques, pendant lesquelles elle faisait entendre un bruit trachéo-laryngien, imitant on ne peut mieux le cri du porc, présenta, pendant plusieurs années, une telle perte de la sensibilité de toute la moitié gauche de sa personne, que non-seulement le sens de toucher était aboli de ce côté, mais que, comme j'en fis plusieurs fois la constatation, on pouvait, sans causer la moindre sensation douloureuse, traverser entièrement la moitié gauche de la langue et même toucher cet organe avec un fer très chaud. Outre des ecchymoses produites à la tête et ailleurs par de fréquentes chutes résultant de ses attaques, elle avait à la face et aux mains des taches ressemblant, autant qu'il m'en souvient, aux taches héphatiques. Il n'y avait nullement paralysie de la motilité.

Dans le premier volume du même ouvrage, page 123 et suivantes, on voit, en date de 1549 également, le compte-rendu de l'examen et de l'interrogatoire d'une femme d'un village de la Meurthe qui, accusée aussi de sorcellerie, fit preuve d'un grand amoindrissement de la sensibilité générale, bien que, comme l'autre, elle parut jouir de l'intégralité de ses facultés intellectuelles. On va le voir par deux courts extraits :

« On l'a déchargée des gresillons (espèce de menottes comprimant les poignets et que l'on mettait quelquefois préalablement au feu) ad cause qu'elle a fait veoir de ne sentir beaucoup d'iceux, a été estendue sur l'eschelle, liée par les pieds et mains pour lui faire sentir la question suivant l'ordre d'icelle. »

« A dit qu'on fasse tout ce qu'on voudra d'elle, qu'elle est femme de bien. La voyans en cette résolution, lui avoir fait présenter la question pour leoir sy cela l'intimidera et fera parler d'un aultre l'angage.

« N'a néanmoins pour toutes menaces et présentation voulu dire aultre chose

rétablir les sympathies que les intérêts ont détruit ! Oui, ce qui a divisé les hommes, fait naître l'égoïsme, ruiné la morale, c'est l'ignorance des divers préceptes du Christ, de

qu'ainsi qu'elle a dit en devant, nous laissant tout estonnés de la voir ainsi forte et sans se sentir que si peu des tourments qu'elle endura hier. Et l'avons renvoyée en sa *prison ordinaire*. »

Cette malheureuse, comme l'infortunée jeune fille, fut soumise plusieurs fois à la question. Il est mis, dans une note à part, que bien que leur histoire soit incomplète, elles ont dû, comme tant d'autres, mourir sous la main du bourreau.

Immédiatement après ce procès-verbal vient (page 123) l'interrogatoire et condamnation à *mort* de Claude, enfant de onze ans, pour crime de sortilége, en date de 1603.

Ce pauvre enfant et enfant pauvre (il était gardeur de troupeaux et mendiant), raconta naïvement, devant les graves personnages chargés de le questionner et de l'examiner que, plusieurs fois son père, après l'avoir mis sur son épaule, l'avait transporté dans un bois où, près d'un grand feu, se trouvait une réunion d'hommes et de femmes qui festoyaient et dansaient, et que présidait « un grand homme noir qui avait des cornes sur la teste et les pieds comme des pieds de bœufz, et avait des gants ez mains, pour bien qu'il ne peult reconnaître et veoir quelles elles estaient, aultrement habillé de noir, une jacquette et chaussettes noires » ; que cet homme noir lui dit qu'il fallait qu'il le prit pour maître, ce à quoi, d'après le conseil de son père, il consentit ; qu'un jour le même homme noir, après l'avoir légèrement pincé au front, lui avait remis une poudre noire, au moyen de laquelle, en leur jetant au dos, il ferait du mal aux gens et aux bêtes quand cela lui conviendrait ; que, voulant se venger d'une nommée Marie Stevenin qui lui avait refusé du pain, il lui avait jeté, sans qu'elle s'en aperçut, de cette poudre au dos ; qu'il en était résulté une maladie ; que, « comme elle languissait en grande extrémité de cette maladie, le dit homme noir s'apparut à luy et lui dit qu'il fallait aller guérir la dicte Marie, et que pour ce faire, luy donna de la pouldre blanche qu'il fallait jeter sur son lit et luy faire une soupe d'où elle guérirait l'ayant mangée ; que néanmoins, cela ne réussit pas et que « le dict noir homme s'apparut à luy et luy dict que la cause qu'il ne l'avait pu guairie estait qu'elle avait reçu tous ses droictz d'Eglise et qu'il n'y a plus de remède. »

Nous avons, ajoutent ces graves personnages, jugé estre expédient d'ouyr la dite Marie sur les événements et accidents de sa maladie, et sy pendant icelle les choses se sont passées comme le dict Claude les a déclairé..... L'avons trouvée en sa maison, couchée sur une couchette, bien malade, et l'anguissante, et, après quelques propos que luy avons tenu pour savoir come il lui va de sa santé, luy avons demandé d'où ceste maladie luy peult prevenir, s'elle a pas opinion qu'elle soit ensorcelée et par cui ? Elle nous a dit qu'ayant ung jour, au temps de la fenaison, refusé du pain demandé en aulmosne par un petit garçon appelé Claude qui mendie par la ville, ce refus ne procédant de ce qu'elle ne luy en voula't donner, ains (mais) de ce que pour l'infirmité qu'elle at en mains par les douleurs de la goutte qu'elle y a senty, elle ne pouvait. Tout après le

ce grand moralisateur et guérisseur, dont la vie ne fut jamais comprise, ni les œuvres jamais imitées ! Pourtant, il avait dit : " Crois et étends les mains sur les malades et ils guériront ! „

S'il ne parlait point d'école de médecine, de pharmacie, de

dict Claude entra en sa maison de soi-même et elle fut, à l'instant, saisye de ceste sy dangereuse maladie qu'elle a encor, sy bien qu'il fallut la ramener à la ville..... Continue à ses tourmens ordinaires qui sont qu'elle sent une beste au creux de l'estomack, grosse comme le bras et de la longueur de quelques deux paulmes de mains, qui court deçà de là ; tantost elle la sent au-dessus, tantost au dessoulz, vers le nombril, et autres fois vers le dos, et lui ronge la chair, d'où elle reçoit une douleur extrême qui la fait languir misérablement en lestat que nous la voyons et désirerait qu'il plaise à Dieu de l'en d'elivrer bientost par sa mort et de l'appeler a soy. »

Evidemment, ou le prétendu sabbat, présidé par l'homme noir, cornu et ganté, était une sorte de mascarade, une réunion de farceurs, s'égayant aux dépens de deux simplés d'esprit, le père et le fils ; ou, ce que je crois plutôt, le pauvre enfant avait été en proie à de vilains rêves, à des hallucinations nés de récits fantastiques et souvent répétés. Il en était de même de l'explication que Marie Stevenin donnait de sa maladie. La sensation d'une grosse bête, remontant et descendant alternativement, en même temps que se produisaient de vives douleurs dans l'abdomen et au dos, a la plus grande ressemblance avec la boule hystérique, ce spasme voyageur qui s'accompagne souvent de douleurs épigastralgiques, ombilicales et rachidiennes ; cela ressemble aussi à ce qu'éprouvent certains hypocondriaques.

Ceux-ci, comme aussi les hystériques, son', on le sait, sujets à d'étranges hallucinations, et tout le monde sait aussi qu'il existe une folie hystérique comme il existe une folie hypocondriaque. Pour ma part, j'ai cité de remarquables hallucinations produites, non-seulement dans ces deux affections si voisines l'une de l'autre, mais aussi dans des affections hystériformes observées même chez l'homme.

Or, si l'hystérie, l'hypocondrie et des affections hystériformes sont fréquentes de nos jours, elles devaient l'être davantage encore et plus souvent s'accompagner de cos étranges hallucinations dans ces temps d'ignorance relative.

Voulant voir si la croyance au sortilége s'était encore longtemps prolongée dans la classe éclairée, j'ai consulté le dictionnaire de Trévoux, qui se trouvait sous ma main.

Dans cet ouvrage, publié en Lorraine, de 1740 à 1750, on lit : « Les sorciers ont une marque qui rend la partie insensible. Le Parlement de Rouen les brûlait autrefois. On ne le fait plus aujourd'hui. On ne doit punir les sorciers que lorsqu'ils sont dûment convaincus de maléfice....., etc., etc. »

Dr Liégey, *Courrier médical*, 1874 ; nº 28, p. 217.

Je pourrais citer un bien plus grand nombre de faits, aussi inconcevables que surprenants, mais je m'arrête là. Entre les quatre murs de ma cellule, le cœur me saigne à la pensée des martyrs morts pour le droit et la vérité.

médicaments, c'est qu'il voulait par là apprendre aux hommes à tirer tout d'eux-mêmes, sans crainte d'épuiser jamais la source de leurs bienfaits.

Oui, c'est une loi absolue que la vie seule peut donner la vie, et c'est en vain que la science, en s'en écartant, a cherché à la remplacer.

Disciples de Mesmer, laissez rire ces raisonneurs insensés qui chercheront à vous détourner de cette œuvre de bien ; ne prenez pas garde aux belles phrases et aux grands discours de ces savants de diverses nuances ; plus charlatans que les charlatans qui courent les places, ils sont tous faillibles et tous mortels.

C'est bien vous, hommes incrédules, pervers et prétendus savants, c'est bien par vous et par votre mauvaise inspiration que fut préparée la ciguë à Socrate pour avoir enseigné l'existence d'un seul Dieu dans une société qui en adorait trente mille. Vous avez, dans des temps plus rapprochés, crucifié Jésus, pour avoir prêché une religion de sacrifice et d'amour, dans un monde pourri d'égoïsme et de vénalité !

Oui, c'est vous qui, en proie au même délire, pesiez de tout votre poids sur les épaules de Galilée pour qu'il se mît à genoux !

Qui jeta au vent les cendres de Jeanne d'Arc ? Vous ou des frères en proie à la même domination et dont l'éducation vous avait été confiée !

Mais, sans aller aussi loin chercher les preuves de vos méfaits, c'est vous qui avez laissé Keppler mourir dans la pauvreté, qui avez jeté Ramus par les fenêtres de sa propre maison, et contraint Mesmer de quitter sa patrie, pour venir à Paris subir de votre part une nouvelle et plus cruelle ignominie.

Faudrait-il donc se décourager pour cela à la vue des amertumes qui ont accompagné la vie de tous les novateurs ?

Faudrait-il, parce que Mesmer et tous ceux qui ont défendu

et fait connaître la science du magnétisme et ont été traités de visionnaires, de fourbes et d'escrocs, faudrait-il renfermer en soi ce que l'on sait être vrai et utile ?

Sans doute, celui qui préférerait au triomphe de la vérité les joies et le repos durant ses jours, devrait agir ainsi ; mais cette indifférence n'est pas possible pour tous, car il est des hommes pour lesquels une vérité est un rayon émané d'en haut, qui les embrase et les pousse, comme malgré eux, à proclamer et à répandre ce qu'ils connaissent.

Voilà pourquoi je viens publier aujourd'hui le résumé de mon long martyrologe, de toutes les persécutions inouïes que j'ai subies pendant tout le temps de ma vie, en récompense de ma bonne foi, des nombreuses guérisons que j'ai obtenues et des services que j'ai rendus.

Les supplices infligés aux pauvres victimes se perpétuent toujours sous différentes formes et divers déguisements, que l'on peut facilement comprendre sans les énumérer.

Ainsi, en plein XVI° siècle, on venait d'inventer d'épouvantables instruments de supplice pour faire périr tous ceux qui prétendaient rendre à la divinité le culte simple et sincère dont tout homme en naissant porte en soi le germe.

Mais espérons et ayons confiance dans un avenir prochain. Dieu fera surgir à son heure une vigoureuse génération d'hommes ; il les animera de son souffle et les poussera à la conquête des vérités et de la liberté.

I

Premiers débuts dans le magnétisme

(1856, 1857 et 1858).

A l'âge de vingt et un ans, vers cette époque de la vie où l'on commence à réfléchir sur les choses qui se disent ou se pratiquent dans le monde, ayant entendu parler des effets salutaires et merveilleux du magnétisme, je m'empressai de me procurer tous les ouvrages propres à m'amener à la connaissance absolue des mystères de cette science de l'avenir que je trouvai sublime.

Après avoir fait théoriquement de rapides progrès, je me décidai à passer à l'expérimentation. Je rencontrai bien des obstacles ; mais j'avais la foi, et avec la foi où n'arrive-t-on pas ? Je continuai mes essais sans jamais laisser échapper une occasion. Rien ne m'arrêtait devant une expérience à tenter ; j'agissais quelquefois mentalement. C'est ainsi qu'une fois, en faisant un quadrille, je magnétisai ma danseuse, à son insu. C'était la première fois que nous nous trouvions ensemble, et nous ne nous connaissions ni l'un ni l'autre. Sur la fin du quadrille, elle me dit : « Mon Dieu que j'ai envie de dormir ; il me tarde d'avoir fini le quadrille pour me reposer ; ma tête est lourde et mes jambes ne veulent plus me porter ; je ne me sens pas fatiguée, et cependant le sommeil m'accable. » Elle fût se reposer, et pendant ce temps, moi-même, satisfait de mon expérience, je procédai, sans rien lui donner à comprendre, à la déma-gnétisation.

Mais comme je voyais qu'elle était accessible au magné-tisme et désirant savoir si réellement elle deviendrait som-nambule, je lui demandai, avant qu'elle se retirât, la per-mission de lui faire une visite.

« Oui, » me dit-elle, « venez demain. » Et elle me donna son adresse.

Je me rendis chez elle le lendemain. La demoiselle, igno-rant le but de ma démarche, je m'efforçai d'amener la con-versation sur la question du magnétisme. Une circonstance fortuite m'en fournit heureusement le moyen. Le père de cette demoiselle se trouvait alors très souffrant, et comme il me parlait de son mal, je lui dis que s'il désirait avoir une consultation médicale, il pourrait l'obtenir sans avoir besoin d'aller chercher le médecin ; que sa fille, étant magnétisée, lui dirait sûrement le remède qu'il faudrait employer.

Comme l'expérience devait être faite dans un but loua-ble, le père et la demoiselle ne tardèrent pas de me prier d'agir au plus vite.

La séance eut lieu, et pour la première fois j'obtins le sommeil somnambulique.

Cette demoiselle était douée d'une lucidité vraiment pro-digieuse; elle décrivit la maladie de son père d'une manière admirable, et, de plus, le traitement qu'elle lui prescrivit le guérit radicalement.

Cette charmante lucide, ce trésor merveilleux fut infailli-ble sur toutes les questions que je lui posai. Elle me décrivit la route que j'avais prise pour me rendre chez elle (question que je lui fis à dessein, car, étant éveillée, il lui aurait été impossible de le deviner).

Comme aussi, chemin faisant, j'avais cueilli des plantes dans l'intention de lui faire dire l'endroit où je les avais ramassées, à ma grande satisfaction, elle ne fut même pas en défaut. Sur ce point, mon succès fut complet.

Je ne m'étendrai pas plus longuement sur cette observation digne de remarque, car j'aurais trop de choses à dire et qui m'entraîneraient hors de mon cadre.

Je dois dire qu'auparavant, mais peu de temps avant le cas ci-dessus mentionné, j'avais obtenu, par le seul effet du magnétisme, une cure des plus surprenantes. C'était la guérison de mon père. Je la rapporte ci-dessous (1).

(1) Observation de guérison opérée par le magnétisme.

La première observation de guérison que j'ai obtenue à l'aide du magnétisme est la suivante. Je dois faire remarquer d'abord à mes lecteurs que cette observation est très intéressante, au moins [à mon point de vue, en ce sens que, lorsque j'ai entrepris cette cure, c'est à peine si j'avais quelques légères notions de magnétisme.

Personne encore ne m'en avait démontré la pratique. Pour la théorie, j'avais lu plusieurs ouvrages qui pouvaient me mettre à même de procéder ; mais comme certains chapitres de ces ouvrages me faisaient venir souvent la chair de poule, je n'étais pas sans éprouver une certaine hésitation. Heureusement que mon sujet n'était pas des plus timides ; et comme, de mon côté, j'étais excessivement avide de surnaturel, il n'y avait plus qu'une chose à faire : se lancer.

Le malade était mon père, âgé, à cette époque, de soixante ans. Atteint depuis dix ans d'une douleur sciatique gauche, compliquée de paralysie, il avait consulté plusieurs médecins et avait fait un grand nombre de traitements ; il allait chaque année aux eaux, et tout cela n'avait abouti qu'à aggraver son état et à épuiser sa bourse.

En dernier lieu, son mal était devenu tout à fait chronique et si fort qu'il ne pouvait aller plus loin que du lit au coin du feu. Depuis six ou sept mois, c'est à peine s'il pouvait se remuer ; il souffrait horriblement, il avait considérablement maigri et ses forces diminuaient de jour en jour. Comme dans ce moment-là je lisais des ouvrages de magnétisme, l'idée me vint de faire une expérience. Je dis alors à mon père : Voulez-vous que je vous guérisse par le magnétisme ? Il me répondit : « Je veux bien. »

Mais cependant, lui dis-je, comme je n'ai jamais essayé la puissance magnétique sur personne, si par hasard, tout en voulant vous guérir, je vous rendais plus malade, que diriez-vous ? « Mon enfant, je suis si malade que je ne demande qu'une chose, me répondit-il, mourir ou revenir à la santé. J'ai toute confiance au magnétisme, j'ai lu les mêmes livres que toi, je sais que tu es bon pour moi, et que si tu peux me faire du bien, tu le feras. Partons tous les deux du même principe. Puisque la volonté est la base du magnétisme, unissons-nous par cette même puissance, et je suis persuadé

Enfin, cette guérison et un certain nombre d'autres opérées sur différents malades, me permirent de ne plus avoir le moindre doute sur la souveraineté de cette médication, lorsqu'elle est bien dirigée.

que tu me guériras. Si toutefois il arrive le contraire, et quoi qu'il arrive, d'ailleurs, je te pardonne. Donc, à l'œuvre. »

C'est le 1er mai 1856 que j'entrepris cette cure. Le patient était assis sur une chaise, je me tenais debout à côté de lui. Je faisais des passes à grand courant de la tête aux pieds en restant un peu plus de temps sur les endroits les plus douloureux, tels que hanche, genou, pied. La durée de chaque passe était environ d'une minute, et celle de chaque séance à peu près de demi-heure, matin et soir.

Craignant de me trouver embarrassé, je ne cherchais pas à provoquer le sommeil. Mais à mesure que je magnétisais, j'arrivais à une plus grande connaissance de la pratique du magnétisme ; aussi, de jour en jour, je devenais moins timide, encouragé que j'étais, surtout, par le malade qui me disait éprouver un grand soulagement. Quelques jours après, lorsque le corps fut saturé du fluide magnétique, j'observai plusieurs phénomènes qui venaient un peu stimuler ma croyance sur les effets du magnétisme.

Les phénomènes que j'observais étaient des clignotements d'yeux, des contractions musculaires, souvent le trismus labial ; la paralysie momentanée des muscles du larynx, l'impossibilité de parler, d'ouvrir ou de fermer la bouche, des lourdeurs de tête, des bourdonnements d'oreilles, l'impossibilité de mouvoir tel ou tel membre, des fourmillements dans tout le corps, des crampes, la somnolence, etc. Le sommeil complet, je n'ai jamais pu l'obtenir. Je faisais disparaître tous ces phénomènes en faisant de légères frictions dans la direction verticale de tel ou tel muscle, et toujours de haut en bas, avec l'intention de faire du bien et de rétablir l'ordre normal.

Depuis le 1er mai jusqu'au 15, l'amélioration fut très peu sensible ; mais du 15 à la fin du mois, la force revint dans tous ses membres, les douleurs avaient presque totalement disparu, et les mouvements de la marche s'exécutaient assez librement.

Je dirai donc qu'à la fin du mois, après trente jours de traitement, au moyen de passes longitudinales à grand courant, avec temps d'arrêt sur les plus fortes douleurs et quelques légères frictions, je pus constater une grande amélioration qui me faisait espérer qu'en continuant le traitement magnétique je parviendrais à obtenir une guérison complète. Déjà le résultat obtenu était très encourageant pour le malade et pour l'élève magnétiseur ; je persévérai donc avec un redoublement de confiance. Du 1er juin jusqu'au 30, les séances furent continuées comme précédemment, deux par jour et aux mêmes heures.

J'oubliais de dire que je faisais boire au malade de l'eau magnétisée dans l'intervalle des séances. Ce traitement de deux mois par le magnétisme seul amena une guérison complète. Les douleurs disparurent, les forces revinrent, et toutes les autres fonctions s'exécutaient d'une manière admirable. Le malade était guéri. Depuis cette époque, dix ans se sont écoulés et les douleurs n'ont plus reparu.

Il est bien évident que lorsque j'ai débuté dans l'étude du magnétisme, je ne croyais pas arriver à l'ardente conviction qui m'anime aujourd'hui.

Et bien souvent depuis, je me suis rappelé le mot d'un de mes professeurs, me disant : « que l'on ne s'arrêtait plus lorsqu'on avait commencé d'étudier la science magnétique. »

En effet, je ne me suis plus arrêté. Je me suis trouvé tellement entraîné par des faits si convaincants, que je ne cherchais plus que de nouvelles occasions d'arriver à reproduire des phénomènes encore plus merveilleux.

Et ici, je le dis bien sincèrement, je n'étais guidé dans tout cela que par l'amour de la science et un grand désir de faire le bien.

II

Arrestations arbitraires

(1857).

Avant d'entreprendre l'énumération de mes multiples procès, je crois que le lecteur ne trouvera pas indifférent que je parle un peu de mon origine.

Je suis né à Gratens (Haute-Garonne), le 18 février 1835.

A l'âge de vingt et un ans, après avoir étudié et pratiqué le magnétisme, notamment après avoir guéri mon père et un certain nombre d'autres malades des environs de chez moi, comme le médecin n'était pas plus cher que le médicament, puisque je tenais l'un et l'autre à la disposition de celui qui venait réclamer mes soins, et que ma seule rétribution n'était autre chose que le plaisir que j'éprouvais à voir un malade guéri ou soulagé, dans peu de temps, les malades affluèrent chez moi de toutes parts, et c'est alors que j'eus recours à une somnambule pour alléger un peu ma besogne, car je me sentais succomber sous la fatigue.

Je demandais pour cela, à la demoiselle J. C., dont j'ai déjà parlé plus haut, son précieux concours, qui ne me fut pas refusé. « J'accepte, » me dit-elle, « j'ai en vous une entière confiance, je serai heureuse de pouvoir me rendre utile de temps en temps et quand vous le jugerez à propos ; je me mets à votre disposition pour traiter les malades qui se trouveront abandonnés par la médecine ordinaire. »

Peu de temps après, ma sœur, qui était en pension à Toulouse, rentra chez nous ; elle était aussi somnambule. J'avais donc à ma disposition deux sujets qui étaient très lucides, et je pouvais, par conséquent, traiter un plus grand nombre de malades.

L'affluence de ces derniers ne faisait qu'augmenter. Bientôt, on me fit promettre d'aller à Rieumes le jour de la foire, donner quelques consultations somnambuliques. Rieumes est tout près de chez moi, et je n'hésitai pas à m'y rendre, parce que j'avais là de nombreux amis, et que, dans les villages, un jour de foire est un jour de fête.

Je partis donc, et fis une visite (dans un café de la ville) à un malade alité et pour ainsi dire condamné et abandonné par plusieurs médecins. Malgré tout, il y en avait un qui continuait ses visites, et si j'avais consenti à donner une consultation, c'était sur les instances d'un des parents et sous la promesse d'une discrétion absolue.

J'endormis la somnambule Elisa Surville, qui décrivit sa maladie, et moi-même j'écrivis l'ordonnance ; mais à la fin de la séance, j'entendis quelque chose remuer dans la chambre derrière moi. Je me retournai vivement et j'aperçus avec stupéfaction un personnage inconnu qui émergeait de derrière une armoire ; ce personnage, grave et bien mis, s'approcha de moi et, tout en me priant de ne pas éveiller la somnambule, me demanda la permission de lui adresser quelques questions. A ce moment, il sortit encore du même endroit un deuxième monsieur, habillé comme un pierrot, qui me pria également de le laisser mettre en contact avec le sujet: je ne sus pas refuser.

Le premier monsieur fit quelques questions vagues ; mais soudain la somnambule s'écria : « Vous voulez cacher votre titre de médecin, n'est-ce pas ? » Non, dit le monsieur, puisque vous êtes précise sur ce point, mademoiselle, je ne veux pas vous le cacher. Je l'avoue, je suis médecin, et comme médecin, je vous demande ce que vous pensez de ce malade. La somnambule répondit : « Il a le cœur dérangé et les jambes très engorgées. Appliquez un cautère à chaque jambe ; dans cinq jours un vésicatoire sur la région du cœur, et de plus le traitement interne que je viens d'ordonner (des tisanes, etc.) et vous verrez le malade bientôt soulagé. Dans huit jours, il faudra changer le traitement. La maladie sera longue, mais le malade peut guérir ; seulement, je vois des empêchements : le malade hésitera, pour l'application de ces cautères, et vous ne croyez pas vous-même à l'efficacité du traitement que j'indique ; je vous vois tout prêt à faire opposition à ce qu'on le suive. A cela je ne puis rien, ma mission se trouve à présent terminée. »

Le second personnage se présente et donne la main à la somnambule, en lui disant : « Pourriez-vous, mademoiselle, me dire ce que je fais ? » « Oui, » dit-elle : « vous êtes sous les drapeaux, marin de l'Etat, et vous profitez de quelques jours de congé. Vous êtes étudiant en médecine, et vous accomplirez heureusement votre carrière ; mais je vous en supplie, ne me demandez pas autre chose, je n'ai plus rien à vous dire. Eveillez-moi tout de suite, je vous en prie, je suis bien fatiguée. » Au moment où j'éveillais la somnambule, le jeune étudiant sortit son mouchoir pour essuyer une larme, en murmurant : « La pauvre enfant, comme elle a tout deviné. »

Après avoir échangé quelques paroles d'une banalité amicale, je pris, avec la somnambule, congé de l'assistance. Le lendemain, je voulus magnétiser Mlle J. C., l'autre somnambule, afin de pouvoir corroborer la consultation que ma sœur avait donnée la veille, en présence de ces inconnus. Après l'avoir donc interrogée, elle me répondit que j'étais un imprudent d'avoir été dans cet établissement, que déjà toute la ville savait ce qui s'était passé, qu'une foule de plaintes allaient être portées de toutes parts, qu'il y aurait plus de vingt médecins qui feraient faire des enquêtes, et que nous allions nous trouver sous le coup d'un procès. Alors, lui dis-je, il ne faudra plus revenir à Rieumes donner des consultations. « Nous pouvons y revenir encore une fois, » me dit-elle, « mais si nous y revenions une troisième, nous serions arrêtés par la gendarmerie. » J'ai alors éveillé la somnambule sans lui laisser le souvenir de ce qu'elle venait de dire, afin de lui épargner des tourments et des préoccupations d'esprit qu'elle n'aurait pas manqué d'avoir. Mais, comme je ne laissais jamais échapper une seule occasion qui put m'édifier sur la lucidité des somnambules, je voulus voir si réellement cette prophétie se réaliserait. Parbleu, me dis-je, en définitive, si tu faisais le mal tu aurais à craindre, mais c'est tout le contraire; et ensuite, je me dis encore, si l'on doit m'arrêter on m'arrêtera partout, ici comme à Rieumes. Aussi, malgré la confiance illimitée que j'avais en ma somnambule, à mes risques et périls, je résolus de tenter l'épreuve.

Je fus donc une seconde, puis une troisième fois à Rieumes, ayant le soin de ne revenir jamais au même endroit; mais, n'importe, il paraît que les limiers de la police étaient parfaitement bien renseignés, car au moment où je venais de magnétiser mon sujet, la demoiselle J. C., pour donner une consultation chez une personne de cette localité, j'entendis la porte s'ouvrir tout à coup et presque en même temps quelque chose me frapper sur l'épaule. Je me retournai et j'aperçus Pandore, qui me dit : « Je vous arrête au nom de la loi. » Trois gendarmes étaient présents en cas de résistance : un devant la porte, le second au milieu de la chambre et l'autre à côté de moi. Inutile de dire que mon émotion était extrême. Ce qui me préoccupait le plus, c'était la somnambule qu'il fallait éveiller et qui pouvait être prise d'un accès nerveux à la vue des gendarmes. Je priai donc ces messieurs de vouloir bien se retirer un instant. « Allons, dépêchons-nous, » me répondit le brigadier; « je ne bouge pas d'ici, et vous avez deux minutes pour me suivre. » A une sommation aussi formelle, il n'y avait pas de réplique : je procédais à l'instant à la démagnétisation de la somnambule, et, à son réveil, je la rassurai. Ne vous troublez pas, lui dis-je, les gendarmes que vous voyez ne sont point ici dans un mauvais dessein. Je priai alors les gendarmes de laisser partir les somnambules, mais ma prière ne fut pas écoutée, et comme ils trouvaient que je n'étais pas assez expéditif, ceux qui étaient un peu plus éloignés, fatigués d'attendre, approchèrent brutalement, et plumes, écritoire, ordonnance, paperasses diverses qui se trouvaient sur une table, furent enlevés en un clin d'œil, comme par des oiseaux de proie.

Il fallut obéir. Partant de là pour arriver à la gendarmerie, nous avions à traverser le champ de foire. Chemin faisant et à l'angle de la promenade, je vis en plein soleil d'été une femme sur une voiture, avec les yeux bandés, plus un homme qui se tenait à côté d'elle, un roseau à la main, comme un pêcheur de grenouilles. Je n'eus pas de la peine à comprendre que c'était une somnambule et un magnétiseur qui amusaient le public.

Alors, je dis au gendarme qui m'escortait : Pourquoi n'arrêtez-vous pas ceux-là aussi? Il me répondit : « Ceux-là! ce sont des charlatans, parbleu! dans tous les cas, ça ne vous regarde pas, silence. »

Cette réponse toute naturelle du gendarme fit surgir en moi des idées bizarres, et je me dis : Comme les charlatans sont des gens heureux et surtout privilégiés; ceux-là au moins peuvent se moquer des gendarmes et de bien d'autres personnes, tandis que toi tu es arrêté comme un vagabond de la pire espèce, n'ayant ni feu ni lieu, absolument comme si tu n'avais que la voûte du ciel pour demeure et les propriétés d'autrui pour unique ressource. J'étais indigné, mais je savais que je devais obéissance à la loi et je me taisais; seulement, plus loin j'allais et plus il me semblait que mon arrestation était illégitime, et je me disais : comment? trois gros gendarmes pour conduire, pour ainsi dire, trois enfants! Je devenais à cette pensée encore plus indigné, à la vue surtout de la foule qui nous examinait curieusement. Enfin, me dis-je aussi, prends courage et espère que bientôt justice te sera rendue. Je me calmai; puis, je retombai dans la colère, et je songeai à me révolter contre cette force passive qui m'enlevait la liberté.

Je parvins enfin à éloigner de ma tête toutes ces idées qui n'auraient eu évidemment que des conséquences funestes. J'obéissais à leurs ordres, mais non sans penser que les exaspérations (1) ont souvent des suites terribles.

(1) M. Aurélien Scholl raconte, dans l'*Événement*, l'histoire suivante, dont beaucoup de gens que nous connaissons devraient bien faire leur profit, dans l'intérêt de tous :

Quels que soient les excès de ce qu'on appelle les mauvais jours de notre histoire, les plus coupables sont les excitateurs, et au-dessus d'eux, les *exaspérateurs*.

J'ai connu, en province, un pauvre garçon qui a été condamné à mort et exécuté pour avoir arrosé ses fleurs. Il demeurait au premier étage, et de son balcon il avait fait un parterre. Il l'arrosait tous les soirs soigneusement. La rue était à peu près déserte, et il tombait quelques gouttes d'eau, personne n'avait songé à s'en plaindre.

Un soir, au café du théâtre, le personnage dont je parle avait fait quelques parties de billard avec le commissaire de police de la localité et l'avait battu à plates coutures.

. Le commissaire de police, vexé, fit dès le lendemain un procès-verbal constatant que l'eau qui tombait des pots de fleurs pouvait atteindre les passants — qui ne passaient pas. Il y avait contravention, et notre homme fut condamné à un franc d'amende, ce qui fait quinze francs avec les frais, parce que la France marche à la tête des nations.

En arrivant devant la gendarmerie, nous avions à notre suite une foule énorme. On nous conduisit tous les trois dans une chambre unique, ayant pour tout ameublement une litière de paille.

Quelques jours après, l'homme du balcon adressa des reproches assez vifs au commissaire de police, qui le déféra au tribunal correctionnel.

Grosse affaire dans une petite ville ! On en causa beaucoup; on plaignit la sœur de ce jeune homme, innocente sans doute de ce scandale. Mais qui voudrait avoir pour beau-frère un si mauvais sujet ?

L'homme aux fleurs fut condamné à huit jours de prison. Quand il eut fait son temps, le président du cercle lui fit savoir qu'il avait été rayé de la liste de ses membres.

Il se croisa dans la rue avec un de ses anciens amis, qui détourna les yeux pour ne pas le saluer.

Furieux, l'homme aux fleurs donna un soufflet à son ami. Il y eut un duel. Un duel dans une ville de six mille âmes ! Le curé tonna en chaire contre le perturbateur. « Tu ne tueras point ! s'écria-t-il ; celui qui a usé du glaive périra par le glaive ! »

L'homme aux fleurs avait blessé son adversaire. Le substitut de l'endroit (qui était son cousin), n'eut pas de paroles assez dures pour « ce repris de justice » qui faisait si bon marché de la vie humaine, et le président (qui l'avait vu naître) le condamna à six mois de prison.

Voilà donc l'homme aux fleurs conspué, flétri. Il écrivit à Paris pour demander une petite place qui lui fut refusée. Vous comprenez..., avec de pareils antécédents !...

Le malheureux errait dans sa petite ville comme un paria. Les gamins lui jetaient des pierres, les chiens le mordaient aux jambes.

Un jour, le boucher, qui appartenait à l'opinion cléricale, lança sur lui son boule-dogue. L'homme aux fleurs saisit le chien par les pattes de derrière, et, le jetant sur le pavé, il lui cassa les reins.

Le boucher, oubliant ses opinions légitimistes, saisit un couteau.

A ce moment, le commissaire de police débouchait dans la rue :

— Comment, s'écria-t-il, en ricanant, encore ce mauvais drôle ?

A ce mot, la colère emporta l'homme aux fleurs ; il se mit à cogner à droite et à gauche. Le commissaire, le boule-dogue et le boucher ne faisaient plus qu'une salade. Quand l'homme aux fleurs se releva, le boucher était mort.

Le jury de la session était composé de gens éclairés qui, étant tous adversaires de la peine de mort, n'admirent pas les circonstances atténuantes, et le malheureux amateur de pivoines et de volubilis eut la tête tranché sur la grande place de Saint-Pierre-les-Goîtreux.

Cette histoire prouve qu'il n'y a pas d'innocents en ce monde.

Hausser les épaules et se taire, tout le secret de la vie est là.

Cela paraît simple en théorie, mais c'est bien difficile dans la pratique.

Plusieurs personnes stationnaient devant la gendarmerie, tandis que d'autres sollicitaient notre mise en liberté provisoire; mais rien n'y fit, la consigne était donnée.

Un malade de la localité avait particulièrement insisté auprès du gendarme pour pénétrer jusqu'à moi (c'était peut-être dans la crainte de ne plus me revoir); celui-là aussi avait été repoussé. Une fois le rassemblement dissipé, le brigadier vint me raconter tout ce qui s'était passé. Ici, ajouta-t-il, vous êtes libre d'opérer. Si vous voulez faire une expérience avec vos somnambules, ne vous privez pas; je serais même curieux de vous voir faire. Eh bien! soit, lui dis-je, et si vous doutez, vous serez convaincu. Alors toute la maison, femmes et enfants des gendarmes, voulurent être témoins de la séance. Je magnétisai ma sœur Elisa. La première question que je lui adressai fut relative à notre arrestation. Je demandai d'où venait le coup, d'après quels ordres nous étions arrêtés; elle me répondit : « Il y a des plaintes nombreuses adressées à M. le procureur impérial de Muret; mais comme lui-même est atteint d'une maladie interne que les médecins ne savent pas guérir, il fait la sourde oreille aux plaintes des hommes de l'art. « Ma foi, » leur dit-il, « si vous guérissiez vous-même les malheureux malades, ils n'iraient pas les trouver, et pour ma part, je n'ai pas lieu d'être satisfait de votre ministère. »

Le temps s'écoulait et paraissait affreusement long aux plaignants, qui, impatients d'attendre, ont agi et fait agir pour en finir au plus tôt.

Je vous défie, messieurs les gendarmes, de nous faire voir un mandat d'arrêt pour prouver le contraire de ce que j'avance.

Les gendarmes étaient ébranlés; la somnambule avait raison.

La deuxième question que je lui adressai était sur le point de savoir si nous avions à rester longtemps sous les verrous; elle me répondit : « Demain, après un court interrogatoire du juge de paix, J... et moi nous serons mises en liberté, mais toi tu resteras un jour de plus. » Je demandai pourquoi à moi ce jour de plus. « C'est pour te conduire à Muret, auprès de M. le procureur impérial; seulement, ne te chagrine pas le moins du monde, car la première remontrance sera pour le brigadier de gendarmerie qui t'amènera chez lui. »

Le lendemain matin, comme la somnambule nous l'avait annoncé, un homme en robe noire nous interrogea.

Dans cet interrogatoire, dont je ne veux pas rappeler les détails, il me fut demandé, à un moment, si j'avais entendu parler de Mesmère (pour Mesmer). Je répondis : non, je ne connais pas cette dame.

Et alors, l'homme à la robe noire se mit à pérorer, et il ne se gêna pas trop pour laisser échapper le mot d'*ignorance*. C'était sans doute pour me donner à comprendre que sous sa toque il y avait beaucoup de science; mais je me disais tout bas : « Va toujours; tu n'a pas plus d'esprit que de jugement ! »

Enfin, la mise en liberté des deux somnambules fut prononcée, tandis que moi je devais attendre encore au lendemain pour être conduit devant le procureur impérial.

Après la sortie du magistrat, le brigadier galant, me dit : « Voilà au moins qui est fait pour vous faire plaisir. Les prédictions de votre somnambule se réalisent à merveille. Si vous voulez aujourd'hui, avant leur départ, faire une autre expérience, vous le pouvez. »

Eh bien ! lui dis-je, j'accepte.

M{ne} J.-C. fut magnétisée; inutile de dire que les spectateurs étaient toujours les mêmes. Je priai le brigadier de donner le premier sa main à la lucide; il s'y refusa. Ce fut un autre gendarme qui se mit alors en contact avec le sujet.

La somnambule s'exprima ainsi sur son compte :

" La goutte que vous prenez journellement à jeun vous abrége la vie de dix ans; vos nerfs s'affaiblissent et vous

n'avez pas d'appétit ; il faut vous corriger, entendez-vous ? »
Le gendarme répondit : « Mais ça suffit, ma bonne demoiselle, ça suffit ! »

Ce que venait de dire la lucide était, paraît-il, l'expression
de l'absolue vérité. La femme du gendarme profita de cette
circonstance pour réitérer à son mari ce qu'elle-même lui
disait bien souvent, pour qu'à l'avenir il fut plus sobre en
alcooliques.

Un second gendarme se présenta ensuite. Il lui fut dit
qu'il était atteint d'une forte névralgie de la tête (céphalal-
gie), et que pour la faire disparaître, il avait besoin de suivre un traitement assez long, mais qu'il guérirait. La somnambule ajouta : « Vous avez pris bien des remèdes et fait
beaucoup de choses sans jamais en avoir éprouvé le moindre bien ; vous avez été aux eaux, vous y avez même, tout
dernièrement à Luchon, reçu plusieurs douches. »

— Oh ! mademoiselle ! par ma foi, oui, interrompit le gendarme, j'en ai pas mal reçu des douches sur ma pauvre tête,
soit des eaux de Luchon, soit de celles qui tombent t...... Il
n'acheva pas et prit son ordonnance, avec l'intention de la
suivre religieusement (1).

Un troisième approcha également, pour savoir, disait-il,
l'époque de son mariage. Il fut vite désarçonné quand la somnambule lui dit : « Vous êtes marié, monsieur le gendarme,
mais, à votre grand regret, vous n'êtes pas encore père de
famille ; vous désireriez bien avoir un enfant, et vous avez
même fait dire quelques messes dans cette intention. » Ce
qui était vrai.

Enfin, un certain nombre de spectateurs, de tout sexe,
demandèrent chacun quelque chose, sauf le brigadier qui
refusait de se mettre en contact avec la somnambule. « Je

(1) Le gendarme, pour ne pas interrompre son traitement, se rendit (déguisé
en bourgeois) plusieurs fois à mon domicile pour compléter sa guérison ; et il
guérit.

ne veux rien savoir sur mon propre compte, » disait-il,
« je ne veux rien savoir. »

La lucide, l'apostrophant, s'écria alors : « Je n'ai pas
besoin d'être en communication avec vous, allez, pour
savoir ce qui vous regarde ; je vous vois tout de même, je
ne veux rien dire sur votre compte. J'ai seulement de la
peine pour vous, à cause de la petite semonce que M. le procureur impérial vous réserve pour demain. »

La séance fut ainsi terminée.

Comme il était convenu, le lendemain je partis en voiture, à mes frais bien entendu, escorté par deux gendarmes
tout le long du chemin jusqu'à Muret. Arrivé enfin devant
le procureur impérial, le brigadier ayant exposé les motifs
de mon arrestation, reçut un blâme formel, avec prière de
ne plus renouveler ses exploits. On n'arrête, lui dit le procureur impérial, que les voleurs, les assassins, les vagabonds
ou les malfaiteurs. Ce jeune homme est honnête, vous
n'auriez pas dû l'arrêter; sa famille est suffisamment connue.
Du reste, j'étais déjà depuis longtemps renseigné par des
plaintes dirigées contre lui; avant d'agir vous auriez dû attendre mes ordres. Retirez-vous.

Le procureur m'ayant fait approcher à mon tour, me dit
que « n'étant pas médecin, je devais rester chez moi, ne
plus faire des ordonnances et n'employer exclusivement que
le magnétisme, pour ne pas me trouver en dehors de la loi ;
que si je ne tenais pas compte de ses avis, je saurais ce
qu'il m'en coûterait. »

J'écoutais religieusement ce magistrat, et, plus il parlait,
plus je comprenais que ses paroles étaient sensées. J'irai,
lui dis-je, étudier la médecine pour pouvoir librement exercer le magnétisme. « C'est, je crois, ce que vous avez de
mieux à faire, » me répondit-il, et il me congédia.

Voilà comment se termina cette arrestation fantaisiste:
comme d'ordinaire, aux dépens du prévenu, avec perte de
temps et perte d'argent.

III

Premier procès

(1858).

Après l'arrestation arbitraire dont je fus victime pendant l'été de 1857, et ma visite forcée chez le procureur impérial, je me croyais à peu près édifié sur la ligne de conduite que j'avais à suivre à l'avenir pour rester dans le droit commun, sans interrompre mes opérations.

Ainsi, je m'abstins complétement de revenir à Rieumes, je ne fis plus de visites, je ne livrais plus d'ordonnances écrites de ma main, ni aux malades, ni aux autres consultants ; je me contentais d'exercer chez moi le magnétisme et le somnambulisme pour les faire servir de base dans le traitement des maladies chroniques et réputées incurables.

Je crois devoir faire une remarque, à savoir : que les malades n'ont jamais recours au magnétisme que dans les maladies qui résistent aux secours de la médecine ; on s'adresse au magnétisme, non pas par ce que l'on est convaincu de ses bons effets, mais parce qu'on n'en attend plus aucun de tous les remèdes en usage.

D'un autre côté, le somnambulisme nous fait connaître les moyens de guérir les maladies curables et de soulager celles qui ne le sont pas ; il nous sert encore bien souvent à rectifier les erreurs de la médecine.

Enfin, j'ajouterai qu'à cette époque j'étais convaincu de l'efficacité du magnétisme, et que, par conséquent, je l'exerçais avec une grande puissance d'action et de savoir, si bien, que j'étais généralement reconnu comme la providence du pays, un bienfaiteur de l'humanité.

D'un autre côté, si on examine le Code, on ne remarquera pas, à proprement parler, une loi qui empêche d'exercer le magnétisme. Je me croyais, par tous ces divers motifs, absolument dans la légalité, et je ne pensais pas qu'il pût se trouver au monde une *justice* (entendons-nous bien) assez illogique pour me dire que j'étais un coupable en agissant ainsi.

Cependant, mon illusion, comme on pourra bientôt le voir, ne fut pas de longue durée.

Les plaintes des médecins se succédaient de toutes parts dans mon pays : les gardes-champêtres, les juges de paix, enfin, tous les zélés de l'obscurantisme étaient, les uns sollicités, les autres chargés de recueillir des renseignements sur le compte des personnes qui venaient chez moi. Il est bien évident que tous ces chasseurs, limiers et piqueurs, lancés sur la piste de mes ordonnances et poussés par toutes ces excitations, devaient arriver à leur but par la ruse, l'intimidation ou tout autre moyen.

Voilà donc mon ciel qui se rembrunissait : les nuages d'orage paraissaient à l'horizon ; déjà le tonnerre grondait, la foudre allait tomber. Et voici la première étincelle fulgurante qui éclata soudain dans ma chaumière comme une bombe remplie de..... poudre insecticide pour la destruction des..... bêtes nuisibles ou désagréables.

MANDAT DE COMPARUTION

Au nom de l'Empereur,

Nous, Jean-Marie-Louis Henry, juge d'instruction près le tribunal de première instance de Muret, mandons et ordonnons à tous huissiers ou agents de la force publique, sur ce requis, de citer à comparaître devant nous, en notre cabinet, au palais de justice, à Muret, le trente juillet courant.

à huit heures du matin, le nommé Clovis Surville, propriétaire, demeurant à Gratens, canton du Fousseret, à l'effet d'y
être interrogé et entendu sur les faits à lui imputés, et de lui
déclarer que, faute de ce faire, il sera contre lui décerné mandat d'amener, à l'effet de quoi nous avons signé le présent.

Fait au palais de justice, à Muret, le vingt-huit juillet
mil huit cent cinquante-huit.

·HENRY, *signé.*

L'an mil huit cent cinquante-huit et le vingt-neuf juillet,

Nous, Simphorien-Gabriel Fontaine, huissier au tribunal
de première instance séant à Muret, résidant au Fousseret,
soussigné :

A la requête de Monsieur le procureur impérial près le
tribunal civil de Muret, lequel élit domicile au parquet dudit
tribunal, avons notifié et signifié au sieur Clovis Surville,
propriétaire, habitant de Gratens, le mandat de comparution,
délivré par Monsieur le juge d'instruction près le tribunal
de première instance de Muret, le vingt-huit juillet mil huit
cent cinquante-huit, afin qu'il ne l'ignore, la présente citation
lui est par le présent donnée pour avoir à se trouver et
comparaître le trente juillet courant, à huit heures du matin,
pardevant Monsieur le juge d'instruction du tribunal dudit
Muret, dans son cabinet, à l'effet d'y être interrogé et entendu sur les faits à lui imputés, lui déclarant que faute
par lui de comparaître, il sera décerné contre lui mandat
d'amener, le tout à ses dépens.

Remis et laissé cette copie audit sieur Clovis Surville, en
son domicile à Gratens, en parlant à sa personne.

Coût : trois francs quinze centimes.

FONTAINE fils.

Il fut envoyé à chacune des deux somnambules une copie
semblable, pour comparution devant le juge d'instruction,
le même jour que moi.

Il fallait donc être rendu à huit heures précises du matin dans le cabinet de M. le juge d'instruction de Muret. Me rappelant la fameuse phrase toute despotique de Louis XIV, l'homme qui se plaignait d'*avoir failli attendre*, je voulais éviter ce désagrément au magistrat, pensant que cette déférence m'attirerait peut-être sa bienveillance.

Voilà pourquoi, malgré la distance de vingt kilomètres qui séparait mon habitation de celle de M. le juge, je fus, comme en toutes choses, ponctuel à l'heure prescrite.

Au bout de plusieurs heures d'attente, le magistrat instructeur apparut dans son cabinet. Il nous interrogea, les somnambules et moi, après quoi, en attendant de nouveaux ordres, il nous fut permis de reprendre la direction de notre demeure.

Dans tout cela, je dois le dire, mon unique souci était de me voir obligé de faire attendre inutilement les malades chez moi.

A partir de ce moment, j'attendais tous les jours l'heure de mon jugement, qui arriva seulement dans le courant du mois d'août suivant.

Voici à peu près les formules des assignations :

TRIBUNAL CORRECTIONNEL DE MURET (HAUTE-GARONNE)

COPIE DE CITATION A PRÉVENU

L'an mil huit cent cinquante-huit et le..... aout,

Nous, Fontaine, huissier... reçu au tribunal de première instance, séant à Muret, département de la Haute-Garonne, résidant au Fousseret..., soussigné,

Du mandement de M. le procureur impérial près le tribunal de première instance de l'arrondissement de Muret, qui fait élection de domicile au parquet dudit tribunal, avons exposé : 1° à M. Clovis Surville, propriétaire, demeurant à Gratens; 2° à Mlle E. S., et 3° à Mlle J.-C., qu'il leur est reproché d'avoir exercé illégalement la médecine, délit prévu et puni par les articles, etc., etc.

C'est pourquoi, dénonçant tout ce dessus, citation est donnée pour comparaître.............................

....

et se voir condamnés aux peines portées par la loi, avec dépens ; déclarant que.............................

....

Avoir baillé et laissé cette copie au sieur Surville, en parlant à sa personne.

Fontaine.

Le procès eut lieu. Un grand nombre de témoins étaient appelés, et leurs dépositions furent toutes en ma faveur. Oui, pas un seul témoin n'eut à se plaindre de moi !

Enfin, après une courte plaidoirie de l'avocat, qui parla plutôt pour la forme que pour le fond, les juges, m'ayant reconnu coupable d'exercice illégal de la médecine, je fus condamné, ainsi que les somnambules, solidairement à quinze francs d'amende et aux dépens.

C'est ainsi que se termina la première bataille. Que vouliez-vous qu'il fît contre cent ? Qu'il mourût !

L'issue de ce procès me remit en mémoire les quelques vers de Boistagon, sur les *Devoirs des juges,* vers que je reproduis ici pour montrer la divergence qui existe souvent entre les paroles et les actes :

> Souvenez-vous que, dans votre puissance,
> L'orphelin doit trouver un appui généreux.
>   Arbitres de l'humble innocence,
> Laissez-vous attendrir à ses cris douloureux ;
> Animés des transports d'une noble colère,
> Montrez-vous aux méchants, de vos glaives armés ;
>   Déployez un bras tutélaire,
> Rompez, brisez les fers des justes opprimés.

IV

Deuxième procès

(1859).

Après ce premier procès, la justice n'ayant tenu aucun
compte du magnétisme ni des nombreuses cures merveilleuses que j'avais obtenues par son emploi, telles que les
nombreux témoignages l'avaient établi en plein tribunal,
et ayant été condamné pour exercice illégal de la médecine,
je résolus de ne plus faire du magnétisme qu'après avoir été
reçu médecin.

C'était avec beaucoup de douleur que je me voyais obligé
de prendre cette décision ; mais la justice avait parlé, elle
voulait des garanties. Lui parler d'une science qui ne se voit
que par ses résultats : chimère, que cela ! Le fluide étant
invisible, impalpable, elle n'y croit pas ; il lui faut le médecin de Molière, qui disait avec son emphase comique :
segnare, purgare, resegnare, repurgare. L'instrument de
la peine de monsieur de Pourceaugnac, voilà dont on ne
peut douter. Là, du moins, on voit, on touche, on sent ; peu
importe que le malade meure ou revienne à la vie, on sait
de quoi il est mort et avec quoi il a été soigné, médicamenté ;
mais s'il guérit par le magnétisme, on hausse les épaules,
on répond : « c'est qu'il devait guérir ; » puis on se frotte
les mains, — manière familière des esprits forts.

Après avoir mûrement réfléchi sur la profession que j'avais
résolu d'entreprendre, avant de partir pour Toulouse, pour
commencer les nouvelles études préparatoires exigées pour
entrer à l'école de médecine, je pris chez moi M. J. Anouil,

magnétiseur, qui avait déjà fait en ma compagnie, depuis longtemps, du magnétisme, et ma sœur Elisa Surville, somnambule, sous le patronage de M. Dupoux, médecin, qui écrivait les ordonnances.

C'est en 1858, à l'âge de vingt-deux ans, et dans l'intention d'obtenir un diplôme qui me permit d'exercer l'art de guérir, que je quittai le toit paternel ; j'abandonnai mes plus chères affections et je fis allégement le sacrifice de ma liberté.

La tâche pour moi était rude ; mais le grand désir que j'avais de m'instruire me faisait tout surmonter.

Je me mis au travail, et sous la direction de plusieurs professeurs spéciaux, je fus bientôt à même de passer mon examen de grammaire.

Je donne ici un extrait du certificat qui me fut remis quelque temps après mon examen et qui me garantissait le droit de continuer mes études, malgré les entraves de plusieurs calomniateurs ténébreux qui s'efforçaient de me faire expulser de l'Ecole de médecine :

EMPIRE FRANÇAIS

—

ACADÉMIE DE TOULOUSE

—

Certificat d'examen de Grammaire.

Le Recteur de l'Académie de Toulouse, vu l'attestation délivrée par les membres du jury d'examen, institué en exécution de l'article 6 du règlement du 23 décembre 1854 et de l'instruction ministérielle du 26 octobre 1861, constatant que M. Surville (Clovis-Jean-Marie-Napoléon), né à Gratens, département de la Haute-Garonne, le 18 février 1835, est en état d'expliquer les textes français, latins et grecs prescrits

à la classe de quatrième des lycées ; qu'il possède une connaissance suffisante : 1° des trois grammaires classiques,
2° des éléments de l'histoire et de la géographie, 3° de
l'arithmétique théorique usuelle, donne, par le présent, audit sieur Surville, le certificat d'aptitude, institué par l'art. 2
du décret du 10 avril 1852 et par l'art. 6 du règlement du
23 décembre 1854 précité.

Fait à Toulouse, le 15 janvier 1862.

Le secrétaire de l'Académie,   Le recteur de l'Académie,
E. MARISTE.   ROCHER.

On peut aisément comprendre que dans les conditions où
je me trouvais à Toulouse, exclusivement livré à mes études
depuis neuf mois (1), je ne pouvais supposer qu'un nouveau
jugement planait sur moi et sur mes successeurs. Je me
trompai cependant. C'est ainsi que le 17 mai 1859 je fus
obligé de me présenter de nouveau à Muret, ainsi que la lecture de la présente copie le prouvera.

MANDAT DE COMPARUTION

Au nom de l'Empereur,

Nous, Jean-Louis-Henri, juge d'instruction près le tribunal
de première instance de Muret (Haute-Garonne), mandons
et ordonnons à tous huissiers ou agents de la force publique,
sur ce requis, de citer à comparaître devant nous, en notre

---

(1) Dans le cas où le lecteur pourrait supposer que je n'aurais commencé mes
études qu'après les vacances d'été et que j'aurais fait, en octobre ou novembre,
de nouvelles consultations, ce qui eût constitué la récidive et m'aurait mis sous
le coup d'un second procès, je ferai observer qu'ayant prévu de nouvelles
poursuites lors de mon premier jugement, je me décidai à partir immédiatement pour Toulouse. A mon arrivée, je fus trouver M. Courtiel, professeur au
lycée, qui me fit travailler pendant toutes les vacances et pendant toute l'année
suivante sans interruption. J'ajouterai que pendant mes cinq à six années d'é-
tudes, je travaillais l'été comme l'hiver et sans jamais avoir pris de vacances.

cabinet du palais de justice, à Muret, le 19 mai 1859, à huit heures du matin, le nommé Clovis Surville, sans profession (1), demeurant à Gratens, à l'effet d'y être interrogé et entendu sur les faits à lui imputés, et de lui déclarer que, faute de ce faire, il sera décerné mandat d'amener. A l'effet de quoi, nous avons signé le présent et scellé de notre sceau.

Fait au palais de justice, à Muret, le 15 mai 1859.

HENRY, *signé*.

L'an mil huit cent cinquante-neuf et le dix sept mai,

Nous, Symphorien-Gabriel Fontaine, huissier au tribunal de première instance, résidant au Fousseret, soussigné,

A la requête de M. le procureur impérial près le tribunal de première instance, audit tribunal, en vertu d'un mandat de comparution, à nous adressé par M. le juge d'instruction près le tribunal de Muret, en date du quinze mai 1859, avons cité et assigné le nommé Clovis Surville, sans profession, demeurant à Gratens, pour avoir à comparaître le dix-neuf mai 1850, à huit heures du matin, pardevant, etc., etc. (toujours la même friture d'huissier).

. . . .

Et laissé cette copie audit sieur Clovis Surville, en son domicile à Gratens, en parlant à la personne de sa sœur.

Coût : trois francs quatre-vingt-dix centimes.

FONTAINE fils.

Il est cependant incontestable que, pour si fort magnétiseur que l'on soit, l'on ne peut se partager en deux, être en même temps à Gratens et à Toulouse, et, cependant, c'est ainsi que Messieurs les praticiens de Muret le comprirent.

---

(1) Sans *profession* et demeurant à *Gratens*. Comme ce bon juge était bien renseigné. Sans me livrer à de longs commentaires à ce sujet, je ferai observer seulement que je n'ai jamais été aussi risif que ceux qui lui donnaient ces renseignements pour rester sans profession, et que mon domicile était depuis neuf mois à Toulouse, place du Chairedon, hôtel Valette.

Je me rendis donc le 19 mai 1859 à Muret, chez M. le juge d'instruction, pour subir mon interrogatoire, dans lequel je fis observer que j'habitais la ville de Toulouse depuis mon dernier jugement, et que je n'avais jamais plus donné chez moi des séances de magnétisme.

Le médecin, le magnétiseur et la somnambule étaient également le même jour à Muret pour y faire leurs dépositions, et eux aussi avouèrent que j'étais absent de chez moi depuis mon premier procès.

Ainsi, en bonne justice, j'aurais dû être mis hors de cause à raison de mon absence et de ma non participation aux consultations. Je me retirai donc à Toulouse en attendant le dénouement de cette fabuleuse affaire, qui ne devait pas tarder d'arriver.

En effet, ce fut au mois de juillet de la même année que le jugement eut lieu. Nous étions tous prévenus d'exercice illégal de la médecine. Le jour indiqué, nous partîmes de Toulouse avec mon défenseur, Mᵉ Astrié, qui devait porter la parole pour nous tous, et, à l'heure voulue, nous étions au tribunal correctionnel de Muret.

Les nombreux témoins à charge qui étaient appelés ne furent pour nous que des témoins à décharge, car ils reconnurent avoir été guéris ou soulagés par la médecine magnétique et somnambulique. Parmi les témoins, il y en eût qui déposèrent que je leur avais donné des consultations dans le temps, mais sans donner de date précise, car les consultations avaient eu lieu avant mon premier procès. (1)

Il y eut un témoin, entre autres, qui déclara avoir été atteint d'une très grave maladie, et que plusieurs médecins de son pays l'avaient soigné sans pouvoir obtenir de résultats ; qu'on lui avait fait prendre de la quinine pour une somme

(2) Si j'insiste sur ce point, c'est pour bien faire comprendre que c'est toujours très ennuyeux d'être inculpé, mais que c'est trop malheureux de se voir condamné à des peines infamantes pour n'avoir rien fait.

de quatre-vingt francs dans un mois, et qu'enfin, voyant qu'il allait de plus en plus mal, il alla consulter la somnambule et fut tout de suite guéri.

Mais rien n'y fit. Ni les dépositions favorables, ni le patronage de l'honorable médecin, ni la plaidoirie éloquente de notre défenseur, rien ne put faire changer les dispositions des juges : nous fûmes tous condamnés à des peines variées. Je fus, moi particulièrement, le plus sévèrement frappé : on me condamna à cinq jours de prison et on me doubla l'amende ; tandis que le médecin Dupoux, le magnétiseur Anouil et la somnambule Elisa Surville furent condamnés à quinze francs d'amende et aux dépens. Que dire ? que faire ? Rougir, gémir, et s'incliner devant les arrêts de la justice !

FINIS CORONAT OPUS.

Si les bons juges sont rares, comme d'autres l'ont compris avant moi, ce n'est pas du moins le cas ici d'appliquer la présente devise :

> Devant son tribunal la justice est vénale,
> Le droit entre ses mains devient un vrai dédale ;
> L'innocence opprimée élève en vain sa voix,
> Le corrupteur l'étouffe et fait taire les droits.
>
> (Phil. de Sans-Souci).

Cependant, avant de nous séparer, je résolus, d'accord avec les autres condamnés, de frapper d'appel ce jugement qui, comme on va bientôt le voir, fut un peu modifié.

V

Appel au deuxième procès.

(1859).

Malgré le jugement sévère qui vient de nous frapper, ayant plus que jamais confiance en notre droit et forts du devoir accompli; malgré la sentence de MM. les juges du Tribunal de la police correctionnelle de Muret (ville d'à peu près 4,000 âmes) (1), M. Anouil, magnétiseur, le médecin et la somnambule n'en continuèrent pas moins d'exercer la médecine magnétique dans leurs foyers, comme auparavant; de mon côté, je revins à mon poste continuer à décliner *rosa* la rose. Mais j'avais un but, il fallait arriver; les coups que je recevais de toutes parts ne faisaient que redoubler mon ardeur, et rien ne faisait plier ma volonté de fer.

Tout en travaillant pendant le jour et également une partie de la nuit à la clarté de ma lampe fumeuse, j'attendais avec calme le deuxième acte de la pièce qui venait de se jouer, pour me servir de cette expression.

Pour celui qui sait attendre, tout arrive en son temps. Voici à peu près la copie de l'assignation que je reçus au mois de juillet, un mois et demi après ledit procès.

(1) Que feraient tous les nombreux avocats et avocassiers de cette petite ville, s'il n'y avait pas d'accusés ? Et les avoués, et les huissiers, ils pourraient se croiser les bras ou dormir paisiblement sur leurs siéges; mais cela ne ferait pas leurs affaires. Il y a aussi une prison, là. S'il n'y avait pas de condamnés, qu'en ferait-on ? Un hôpital, ou une école ? Bah !

N'allons pas si loin, soyons plus modestes, plus modérés en toutes choses. Il y a un proverbe qui dit : « Tout ce qui est fait est bien fait. » Allons donc, parbleu ! ne faut-il pas que tout le monde vive ?

COPIE D'APPEL

L'an mil huit cent cinquante-neuf et le..... juillet.....,
Nous, Symphorien Gabriel Fontaine, huissier au tribunal
civil de Muret, soussigné,

A la requête de M. le procureur général près la Cour
impériale de Toulouse, où il fait élection de domicile, au
parquet de ladite Cour, avons, par le présent, cité le sieur
Clovis Surville....., demeurant à Gratens.

Pour comparaître le..... juillet..... jours suivants et utiles
s'il y a lieu, à onze heures du matin, pardevant et à l'audience de la Cour impériale, séant à Toulouse, chambre
des appels de police correctionnelle, dans le lieu ordinaire
de ses séances, au palais de ladite Cour, place de la Monnaie, pour y voir..... statuer sur l'appel par lui relevé
envers un jugement rendu..... par le Tribunal de police correctionnelle de Muret, qui condamne ledit....

. . . .

prévenu d'exercice illégal de la médecine.

Dont acte.....

Bâillé et laissé copie audit sieur Surville, en son domicile, à Gratens. En parlant à la personne de sa sœur.

Coût : quatre francs vingt centimes.

FONTAINE fils.

Visé pour timbre et enregistré à Toulouse, le....., à.....,
fol....., droits en surplus.

Nous nous rendîmes tous ensemble à Toulouse à ladite
chambre des appels de police correctionnelle, où un célèbre
avocat devait prendre notre défense; mais je crois cependant que cet avocat devait être moins capable qu'aujour-
d'hui, car à cette époque il ne portait que le nom d'un

saint, tandis qu'aujourd'hui, ayant changé de nom, il porte le nom de deux saints (1).

Les débats n'amenèrent aucun incident nouveau, et voici les modifications qui furent apportées au premier jugement :

Le médecin fut relaxé; quant au magnétiseur et à la somnambule, il n'y eut pas de modification, c'est-à-dire qu'il n'y eut que le médecin d'acquitté; quant à nous trois, nous fûmes, sans distinction, condamnés à quinze francs d'amende et solidairement aux dépens.

Comme on vient de le voir, c'était presque toujours blanc bonnet et bonnet blanc. On m'avait enlevé cinq jours de prison, voilà tout. Somme toute, le magnétisme n'avait pas avancé d'une semelle.

Je ferai observer que, moi surtout, je devais être totalement renvoyé des fins de la plainte, attendu que je n'avais pas participé aux séances. Ensuite, le magnétiseur et la somnambule se trouvant sous le patronage d'un médecin, eux aussi devaient être acquittés, puisque le médecin a le droit d'exercer s'il lui plaît le magnétisme ainsi que nous le verrons plus tard. Donc, en bonne justice, nous méritions un acquittement général, du moment surtout qu'il n'y avait pas de plaignants; que c'était seulement le ministère public qui avait poursuivi à l'instigation des médecins.

Généralement, on dit que la justice est boiteuse; moi j'ajouterai qu'elle est très chanceuse. Le Code renferme tellement d'articles qui s'entrecroisent, qui se confondent les uns avec les autres, que les juges ne les voient pas tous de la même manière. Ainsi, par exemple, à Muret, ils verront noir; à Toulouse, ils verront bleu ou un peu plus foncé; tandis qu'à Paris, ils verront complétement rouge. Il en est de cela à peu près comme de la médecine : Hypocrate dit oui et Galien dit non. Mais il est toujours très malheu-

(1) M. de Saint-Gresse, aujourd'hui premier président.

reux d'être forcé d'avoir recours à l'une ou à l'autre de ces deux choses.

Telle est la plaisante conclusion de notre deuxième procès.

On pourrait le terminer par le refrain de la chanson qui dit :

Un bon juge mérite une gloire immortelle ;
Je me mets à genoux sitôt que j'en vois un ;
Mais bon juge et femme fidèle,
Rien si beau dans le monde, et rien de moins commun.

VI

Une petite pause.

(Intermédiaire de 1859 à 1864).

A la suite de ce dernier procès, aussi contradictoire qu'invraisemblable, les tourmenteurs ne trouvèrent plus rien à mordre, sans doute, car il ne fut plus question, de longtemps, de nouvelles poursuites judiciaires. Cependant, leur haine persistait, et ils me poursuivirent jusqu'à l'Ecole de médecine pour me créer de nouvelles inquiétudes. Ils conçurent l'espoir de me faire renvoyer. Alors, ils écrivirent des lettres anonymes, renfermant plusieurs signatures (toutes fausses), à l'adresse de différents professeurs et de M. le directeur de l'Ecole.

A la suite de toutes ces plaintes, les professeurs me firent approcher et m'annoncèrent que dans un mois j'aurais à subir un examen (1).

(1) A cette époque, en 1859, l'examen de grammaire n'était pas de rigueur ; il suffisait à l'élève de fournir un certificat de troisième, signé par le supérieur

Un mois après, en effet, je fus avisé par la voix de l'appariteur d'avoir à me rendre, à une heure indiquée, dans une des salles de l'Ecole, pour y être interrogé.

Je subis victorieusement cet examen, qui m'assurait le droit de continuer mes études de médecine. Seulement, ma réception définitive eut pour résultat d'exaspérer la colère des pétitionnaires, et ils se remirent alors à écrire de nouvelles lettres; mais ayant été surpris en flagrant délit de calomnie, les auteurs qui se cachaient sous le voile de l'anonyme ne furent plus écoutés.

J'avoue qu'il me fallait avoir autant de courage, pour continuer la médecine, que j'en avais eu pour continuer le magnétisme, car, sans m'écarter d'aucune des règles du devoir, j'éprouvais partout des obstacles sans nombre et presque insurmontables. La haine implacable des adversaires de ma doctrine me poursuivait partout; cependant, malgré toutes les persécutions, mon courage resta toujours inébranlable.

Je résolus d'étudier sérieusement la médecine, de manière à ne pas me trouver en arrière le jour de mes examens, afin d'obtenir le plus tôt possible mon diplôme, et ensuite pour être à même plus tard d'exercer dignement l'art de guérir.

Voilà pourquoi je fus un élève des plus studieux. J'étais toujours à l'hôpital un des premiers rendus à côté du malade et du professeur; à l'école, il en était de même; je suivais également les cours de chimie, de physiologie, de botanique, de pharmacie, etc., de manière à mettre à profit pour plus tard toutes ces diverses branches de la science médicale.

A la fin de ma première année, au lieu de me retirer pour

du collége où il avait fait ses classes, pour être admis au rang des étudiants de première année.

Mais vu les plaintes nombreuses adressées à l'Ecole de médecine sur mon propre compte, je fus le seul élève, sur deux cents étudiants de première année, obligé de fournir le titre, et de passer, quelque temps après, mon examen.

les vacances, comme les élèves le font généralement, je pris
du service à l'hôpital pour faire les pansements des malades
et donner la main aux professeurs à tout instant : on a l'avantage, par ce moyen, de pouvoir visiter toutes les salles de
l'hôpital, de mettre partout la main à l'œuvre ; on pratique
des saignées, des ventouses, des incisions, des scarifications,
des cautérisations : on applique des appareils de toutes sortes ; on assiste aux accouchements (j'en faisais aussi quelquefois) ; enfin, on est peu nombreux pendant ce temps, on
a beaucoup de travail, et c'est ainsi que l'on apprend, non-
seulement la théorie, mais encore la pratique. Je continuai,
pendant quatre années consécutives à consacrer mes vacances au service des malades et de l'hôpital ; aussi, dans peu
de temps, je fus remarqué et même estimé de mes professeurs, entr'autres de l'honorable M. Marchant, professeur et
directeur de l'hospice des aliénés de Toulouse, qui me prit
auprès de lui en qualité d'interne. Je restai chez lui pendant
un an. Durant mes études, j'ai successivement occupé, comme
élève, les emplois les plus méritants, et si je m'étais trouvé
privé de ressources personnelles, les rétributions que me
valaient mes services auraient suffi pour mes besoins.

Après quatre années passées à l'Ecole de médecine et
dans les hôpitaux de Toulouse, ayant pris toutes mes ins-
criptions et passé mes examens, je me rendis à la Faculté
de médecine de Montpellier, pour compléter mes études, et
j'eus, là, mon diplôme.

Puis je rentrai chez moi, en 1863, et je m'établis dans une
campagne que mon père avait choisie, près de Carbonne.
Mes désirs étaient accomplis ; j'étais heureux à la pensée
d'être auprès de mes parents, de mes amis, de toutes mes
connaissances et je m'écriai :

> Dans mon asile, sans inquiétude,
> Loin du faux éclat des honneurs,
> Dans le sein du silence et de la solitude,
> Je viens pour guérir les douleurs.

VII

Troisième procès

(1864).

Après mon retour de Montpellier, en 1863, j'avais établi définitivement, comme je l'ai déjà dit, ma nouvelle demeure à la campagne, à Carbonne, dans un endroit un peu écarté de la ville.

Là, quoique bien isolé, les malades venaient tout de même consulter le nouveau médecin, et, avec l'aide de la somnambule, j'opérais journellement des guérisons de cas désespérés et considérés comme incurables par plusieurs médecins de la localité. Enfin, la réputation et la clientèle arrivant insensiblement, tout me faisait espérer un avenir tranquille; mais, hélas! une année n'était pas encore écoulée qu'un nouveau procès venait encore s'abattre sur moi.

Et quels étaient les auteurs de ces nouvelles poursuites?

Plusieurs médecins, rien que des médecins, et pas un seul malade.

Pourquoi m'inquiétaient-ils de nouveau? C'est parce que j'avais eu le malheur de guérir plusieurs malades qu'eux-mêmes n'avaient point su soulager!

Avais-je donc commis un bien grand crime d'avoir guéri leurs clients?

A leurs yeux, sans doute, puisque les autocrates de la science doivent être infaillibles. Ainsi, lorsqu'ils abandonnent un malade, personne plus ne devrait s'en occuper.

Et quels étaient les malades que j'avais traités?

C'étaient, entre autres, leurs propres serviteurs, des domestiques, des ouvriers, des régisseurs, des malades du bureau de bienfaisance (auxquels j'avais même donné gratuitement mes soins) ; c'étaient, enfin, des parents à eux, d'autres malades indépendants et libres, par conséquent, de m'accorder leur confiance.

Voilà mon crime !

Et parmi tous les malades que j'avais traités y avait-il quelque plaignant? Non. Il n'en était pas un seul qui put m'adresser le moindre reproche, soit en ce qui concernait les consultations, les médicaments ou la discrétion.

On le voit, si j'étais coupable de quelque chose, c'était d'une trop grande complaisance. Mais ce n'est pas seulement de nos jours, chers lecteurs, que la tyrannie existe ; il a été de tout temps reconnu que les novateurs et leurs disciples ont presque toujours été victimes de leur dévouement !

Il fut fait donc à mon égard comme précédemment : on procéda à des recherches, on appela de pauvres malheureux de tous les côtés, pour leur faire déposer sur mon compte, relativement à la médecine magnétique et somnambulique que j'exerçai depuis peu de temps et avec beaucoup de succès.

Enfin, les enquêtes terminées et les rapports expédiés au procureur impérial de Muret, je reçus la copie ci-dessous :

MANDAT DE COMPARUTION

Au nom de l'Empereur,

Nous, Jean-Marie-Louis Henry, juge d'instruction près le tribunal de première instance de Muret (Haute-Garonne),

Mandons et ordonnons à tous huissiers ou agents de la force publique, sur ce requis, de citer à comparaître devant nous, en notre cabinet, au palais de justice. à Muret, le onze mars mil huit cent soixante-quatre, à neuf heures du matin, le sieur Clovis Surville fils, officier de santé, demeurant à

Carbonne, au lieu dit l'*Embranchement*, à l'effet d'y être interrogé et entendu sur les faits à lui imputés, et de lui déclarer que, faute de ce faire, il sera contre lui décerné mandat d'amener. A l'effet de quoi nous avons signé le présent, scellé de notre sceau.

Fait au palais de justice, à Muret, le sept mars mil huit cent soixante-quatre.

HENRY, juge, *signé.*

L'an mil huit cent soixante-quatre et le huit mars,

Nous, Henri Pons, huissier, reçu au tribunal civil séant à Muret, résidant à Carbonne, soussigné :

A la requête de M. le procureur impérial près le tribunal civil de l'arrondissement de Muret, qui fait élection de domicile au parquet dudit tribunal, et en vertu du mandat de comparution ci-dessus transcrit, délivré par M. le juge d'instruction près le même tribunal, le sept mars courant,

Avons assigné M. Surville fils, officier de santé, demeurant à Carbonne, au lieu dit l'*Embranchement*, pour comparaître le vendredi onze mars courant, à neuf heures du matin, par-devant M. le juge d'instruction de Muret, en son cabinet sis au parquet de justice de ladite ville, pour être interrogé et entendu sur les faits qui lui sont imputés, lui déclarant que faute de comparaître aux lieu, jour et heure ci-dessus fixés, il sera contre lui décerné mandat d'amener ;

Et audit Surville fils, en son domicile à l'*Embranchement* de Carbonne, avons remis et laissé cette copie en parlant à la personne de sa mère.

Coût : un franc. H. PONS.

Je me rendis donc directement auprès de M. le juge d'instruction ; je connaissais depuis trop longtemps déjà la porte de son cabinet pour ne pas être exposé à me tromper d'adresse.

L'affaire fut vite débrouillée. C'était toujours le même

4

délit. Je compris que je serais encore obligé d'avaler la pilule bien amère d'un nouveau procès, et je me retirai en pensant à la fable du Loup et l'Agneau, de Lafontaine :

La loi du plus fort est toujours la meilleure,
Nous l'allons montrer tout à l'heure.

Voici ce que je reçus deux mois après :

TRIBUNAL CORRECTIONNEL DE MURET (HAUTE-GARONNE).

COPIE DE CITATION A PREVENU

L'an mil huit cent soixante-quatre et le deux mai,

Nous, Henri Pons, huissier, reçu au tribunal de première instance séant à Muret, département de la Haute-Garonne, résidant à Carbonne, soussigné,

Du mandement de M. le procureur impérial près le tribunal de première instance de l'arrondissement de Muret, qui fait élection de domicile au parquet dudit tribunal, avons exposé au sieur Clovis Surville, officier de santé, demeurant à Carbonne ; 2° à Mlle Clarisse Heuillet, somnambule, demeurant aussi à Carbonne,

Qu'ils sont prévenus :

D'avoir, depuis moins de trois ans, dans le canton de Carbonne, exercé illégalement la médecine et la chirurgie, délit prévu par les art. 35 et 36 de la loi du 29 ventôse an XI.

C'est pourquoi, en leur dénonçant tout ci-dessus, citation est donnée pour comparaître le samedi sept mai courant à onze heures du matin, pardevant le tribunal de police correctionnelle de l'arrondissement de Muret, dans une des salles du palais de justice dudit Muret, pour se voir condamner aux peines portées par la loi, avec dépens, leur déclarant que faute de comparaître, ils seront jugés par défaut; et au susnommé Surville, en son domicile, à Carbonne, avons bâillé et laissé cette copie en parlant à la personne de sa mère.

Coût : quatre francs vingt centimes. H. Pons.

Visé pour timbre à....., le....., 1864, au droit de trente-cinq centimes en débet.

Puisqu'il le fallait, nous nous rendîmes avec la somnambule, à la chambre (car il ne faut pas se figurer qu'il y en ait trente-six) du palais de justice à Muret, le samedi 7 mai 1864, à onze heures du matin.

Là, il fut longuement expliqué à nos juges que j'étais, non-seulement nanti d'un diplôme de médecin de la Faculté de médecine de Montpellier, mais encore que j'avais un autre diplôme (on les leur montra) de l'école de médecine de Toulouse, qui me donnaient plein droit d'exercer la médecine, non-seulement à Carbonne et à Muret, mais encore dans tout le département, et que, par conséquent, je ne me trouvais pas sous le coup de la loi du 29 ventôse an XI (1) et qu'ainsi je devais être complétement relaxé.

Et d'ailleurs, j'avais toujours exercé la médecine loyalement, sincèrement, avec discernement et avec le plus grand succès. La meilleure preuve de tout cela ressortait de la déposition de nombreux témoins qui tous avaient déclaré avoir été guéris ou soulagés par le système de la médecine magnétique et somnambulique; je devais donc être renvoyé des fins de la plainte.

Un témoin entre autres, faisant partie du bureau de bienfaisance, déposa que sa femme était atteinte depuis deux ans d'une folie puerpérale qui avait résisté à toutes sortes de traitements, et qu'après avoir consulté la somnambule de M. Surville (au moyen d'une simple tresse de cheveux), sa femme guérit radicalement.

(1) Voir la loi du 29 ventôse, an XI.

Il est inutile d'ajouter que les témoins furent écoutés avec indifférence et incrédulité, lorsqu'ils parlèrent des résultats obtenus avec le secours de la médecine de Mesmer.

Les avocats prêchèrent dans le désert : c'était prévu.

Enfin, après une courte délibération des magistrats, je fus condamné, ainsi que la somnambule, à une amende de 15 francs et aux dépens.

Après le prononcé du jugement, le président m'interpella ainsi : « M. Surville, me dit-il, vous voyez ; nous venons de vous condamner seulement à une simple amende, c'est le minimum, dans l'espoir qu'à l'avenir vous abandonnerez le magnétisme pour n'exercer que la médecine, comme les autres médecins. » M. le président, lui répondis-je, j'aurais mieux compris votre indulgence si, au lieu de me condamner, vous m'aviez acquitté ; quant au magnétisme, c'est ma conviction, je l'exercerai toujours, soit ici, soit ailleurs.

Après cet arrêt et l'admonestation du président, je compris que tant que je resterais dans mon pays je ne serais pas plus avancé avec mon diplôme que lorsque j'en étais dépourvu, et me voyant toujours victime des menées souterraines des détracteurs du magnétisme, je résolus de quitter Carbonne. Mais comme toujours j'aime bien à me rendre compte des événements, je voulus savoir si d'autres juges seraient du même avis que ceux de Muret. C'est pourquoi je frappai d'appel ce jugement. Ce n'est pas que j'eusse une entière confiance en l'appréciation d'autres juges, seulement, je ne voulais pas périr avec mon droit sans protester.

Et puis, qui sait ? de Cailly n'a-t-il pas dit quelque part :

Constamment la justice a toujours la balance,
Et c'est la même qu'autrefois ;
Mais prenez-y bien garde, et vous verrez qu'en France
Elle n'a pas le même poids.

VIII

Appel au troisième procès

(1864).

Après avoir frappé d'appel mon dernier jugement, je rentrai dans mes foyers pour continuer à servir ma clientèle, en attendant les ordres de M. le procureur général de la cour impériale de Toulouse, et, en même temps, je préparai aussi mes malles pour fuir vers une rive plus hospitalière où il me fut permis d'exercer librement ma profession, où enfin je fusse à l'abri de ces inimitiés locales qui m'avaient déjà causé tant de mal; car ce dernier procès, pour moi, n'était autre chose qu'une menace voulant dire : va-t-en d'ici. J'étais, comme on peut le voir, violemment traité. J'étais considéré comme un rebelle, un paria, parce que je m'écartais un peu des règles de la confrérie d'Esculape.

Là, lorsque le chef dit *non*, il faut dire *non ;* s'il dit *amen*, il faut dire *amen* sur toute la ligne; ainsi le veulent la bienséance et le respect hiérarchique. Mais si le chef commet une bourde, (1) comme cela arrive assez souvent, faut-il que les

(1) Une dame atteinte d'une affection de la peau se présenta, il y a quelque temps, chez un médecin, en le priant de la guérir. Le médecin demanda à cette dame s'il y avait longtemps qu'elle avait cette maladie. — La dame lui répondit : deux ans et deux mois à peu près. — *Le médecin :* Vous n'avez donc rien fait pour vous soigner ? — *La dame :* Au contraire, j'ai fait beaucoup de remèdes. — *Le médecin :* Il y a deux ans que vous pourriez être guérie ! Voyons, dites-moi ce que vous avez fait comme traitement. — *La dame :* J'ai mis des pommades et des..... — *Le médecin :* C'est tout le contraire de ce que vous deviez faire. Et quel est l'à..... de docteur qui vous a ordonné cela ? — *La dame :* Je ne suis pas bien sûre du nom..., mais enfin, je puis vous faire voir l'ordonnance que j'ai à la poche : la voilà. En prenant l'ordonnance, le savant

autres suivent les mêmes traces ? Pour ma part, je dirai non.

Pourquoi y a-t-il des spécialistes ? C'est pour mieux traiter cette spécialité. En médecine, il est indispensable, si l'on veut opérer consciencieusement, de ne rien réfuter à la légère, parce que tout a à peu près sa raison d'être ; il faut toujours chercher d'approfondir les systèmes qui paraissent les plus contradictoires avant de les rejeter. Exemple : qui aurait osé traiter, il y a dix ans, une fièvre typhoïde par les irrigations d'eau froide, et prendre une douche glacée en pleine transpiration ? Celui qui aurait ordonné, dans notre pays de progrès, ces choses là aurait été taxé de folie. Ainsi, sans m'étendre plus longtemps sur toutes ces questions spéciales, je dirai que le médecin doit n'avoir qu'un but, un seul devoir : arriver par un système, quel qu'il soit, à la guérison du malade. Voilà mon principe, et c'est de là que je retire mes succès.

Ceci dit, je reviens à mon sujet par la reproduction de la pièce suivante :

COPIE D'APPEL

L'an mil huit cent soixante-quatre et le premier juillet,

Nous Henri Pons, huissier au tribunal de Muret, demeurant à Carbonne, soussigné,

A la requête de Monsieur le procureur général près la cour impériale de Toulouse, où il fait élection de domicile, au parquet de ladite cour, avons par le présent cité M. Clovis Surville, officier de santé, demeurant à Carbonne, pour comparaître le sept juillet courant, jours

---

docteur dit de nouveau : voyons le nom de cet imb.....? Mais, oh ! surprise ! le signataire était l'auteur du blâme.

Inutile d'insister plus longtemps là-dessus.

Aujourd'hui la dame est guérie, grâce à celui qui rapporte cette courte et véridique histoire.

suivants et utiles s'il y a lieu, à onze heures du matin, pardevant et à l'audience de la Cour impériale séant à Toulouse, chambre des appels de police correctionnelle, dans le lieu ordinaire de ses séances, au palais de ladite Cour, place de la Monnaie, y venir voir statuer sur l'appel par lui relevé envers un jugement rendu le sept mai dernier par le tribunal de police correctionnelle de Muret, qui condamne le sieur Surville et la demoiselle Heuillet à quinze francs d'amende et aux dépens, tous deux prévenus du délit d'exercice illégal de la médecine.

Dont acte :

Bâillé et laissé cette copie audit Surville, en son domicile à Carbonne, en parlant à sa personne.

Coût, quatre francs vingt centimes.

H. PONS.

Visé pour timbre et enregistré en débet à Toulouse. le....., fol....., droits en suspens.

Après avoir reçu cette copie, il s'agissait de nouveau de trouver un défenseur. J'étais à peu près fixé sur le chemin que je devais faire ; l'avocat qui m'avait défendu quatre ou cinq années auparavant m'avait dit, après ma condamnation : « Si vous aviez été reçu médecin, votre acquittement était assuré. » Ces paroles étaient restées gravées dans ma mémoire, et pour la circonstance présente, je me dis : « Voilà mon homme. » Et ce fut lui en effet que je chargeai de me défendre.

L'avocat dont je parle a aujourd'hui changé de nom ; c'est pour cela que je ne le nomme pas. C'était un homme des plus capables : sa figure était rouge au lieu d'être à la mode, son nez pointu annonçait du flair, c'était une autorité de l'époque. Aujourd'hui, je me demande si c'était bien là l'homme qu'il me fallait pour faire pencher la balance en ma faveur.

Quoi qu'il en soit, le 1er juillet 1864 et à l'heure indiquée, nous nous rendîmes à la chambre de la Cour d'appel pardevant nos nouveaux juges. L'avocat prit la parole et dit sans doute tout ce qu'il fallait pour éclairer les juges sur cette affaire capitale pour moi ; mais le résultat ne fut pas pour cela plus heureux, car les juges, pour en terminer plus vite sans doute, ne firent que confirmer l'arrêt du premier jugement.

J'étais à me demander si les derniers juges avaient bien vu tous les articles du code ; il m'était pénible de penser que j'étais en dehors de la loi, car enfin, si on a un titre, il faut bien qu'il serve à quelque chose, autrement autant vaudrait ne pas en avoir. Or, puisque mon diplôme n'était pas un faux, pourquoi alors me faire promener perpétuellement sur les bancs de la police correctionnelle et de la Cour ? Ce n'était certainement pas pour justifier les vers de Cailly qui, en certains pays, trouvent mieux que chez nous leur application :

La justice a les yeux bandés,
Nous en sommes persuadés ;
Elle ne regarde personne.
Mais pour voir, s'il est bon et beau,
L'argent que son greffier lui donne,
Elle lève un coin du bandeau.

IX

Déménagement, emballage, voyage, déballage

(1864).

Comme on vient de le voir, tous les privilégiés de mon pays qui étaient contre moi avaient obtenu ce qu'ils désiraient : la justice venait de condamner le magnétisme ; enfin, je voyais comme toujours la force primer le droit. Cepen-

dant, cette condamnation était terrible pour moi. Je pouvais
me pourvoir en cassation, il y avait des avocats qui me le
conseillaient; mais il n'en valait pas la peine, j'avais déjà
acquis assez de philosophie pour en rester là, vu surtout que
tous ces procès ne pouvaient atteindre ni mon honneur ni
ma réputation dans aucun cas. La lutte, d'ailleurs, étant iné-
gale, étant le plus faible, je devais céder. Il me restait alors,
ou d'abandonner le magnétisme ou de quitter le pays. Mais le
magnétisme, qui avait été mon sauveur, ainsi que celui de
mon père, et qui m'avait également fait guérir un très grand
nombre de malades, je ne pouvais l'abandonner. La ferme
confiance que j'avais acquise de la puissance d'un agent aussi
utile, lorsqu'il est bien dirigé, ne me permettait pas d'hésiter.
Je résolus donc de quitter le pays. C'était avec beaucoup de
regret que je prenais cette détermination; mais plutôt que de
me voir ainsi maltraité, à cause d'une science encore peu
appréciée chez nous, mais exercée librement dans toutes les
principales villes du monde, je crus devoir prendre ce parti
extrême, bien nuisible à mes intérêts, car un déplacement,
pour un médecin, est une perte de clientèle, et une clientèle
ne se refait pas du jour au lendemain.

Ma mère, dans ce moment-là, se trouvant très indisposée,
et son état s'étant aggravé par les contrariétés qui résul-
taient de toutes ces tracasseries, je fus obligé de la conduire
à Luchon pour lui faire respirer l'air des Pyrénées. Pendant
mon séjour à Luchon, j'eus la curiosité de savoir comment
le magnétisme serait accueilli dans cette localité, soit par les
autorités, soit encore par les visiteurs. Pour cela, je fis quelques annonces, je plaçai des affiches, et, finalement, je don-
nai un grand nombre de séances, avec un succès toujours
croissant, et cela pendant tout le mois d'août. Je fis énor-
mément de magnétisme, et personne au monde ne songea à
venir me susciter des entraves. Et ici, je l'avoue, si je n'avais
pas eu à cœur de me créer une clientèle stable, pour avoir
l'avantage de pouvoir traiter les malades avec beaucoup plus

de soin et d'assiduité, je n'aurais pas hésité, après Luchon, à visiter toutes les principales villes, pour y propager le magnétisme. Seulement, mon seul but, je l'ai déjà dit au commencement de ce travail, n'était pas la fortune, mais seulement de faire une médecine où le malade, plus que le médecin, pût trouver son avantage. Voilà pourquoi je cherchais la stabilité, ce qui me faisait dire :

> Dans maints auteurs de science profonde,
> J'ai lu qu'on perd à trop courir le monde ;
> Très rarement en devient-on meilleur,
> Un sort errant ne conduit qu'à l'erreur.

Donc, ma mère se trouvant bientôt rétablie, je revins à Carbonne, où je devais rester encore, en attendant de me fixer dans un milieu moins hostile, et je continuai là mon œuvre de bien en dépit de toutes les calomnies.

Outre les détracteurs de parti-pris du magnétisme, j'avais aussi contre moi, dans mon pays, les rancunes du temps passé, et c'est pourquoi, malgré mon diplôme, on venait me disputer le droit d'exercer selon ma conscience ; ce n'est pas, disait-on, de la médecine qu'il fait, c'est toujours du magnétisme et du somnambulisme.

A cette époque, c'est-à-dire au bout d'une année de pratique, les partisans du magnétisme étaient encore assez rares à la campagne, tandis que des villes voisines, notamment de Toulouse (où j'avais fait de nombreuses guérisons alors que je n'étais encore qu'étudiant), un grand nombre d'amis, de connaissances et de malades venaient me trouver, pour réclamer l'aide de la médecine somnambulique, et ils m'engageaient en même temps à venir m'établir au milieu d'eux.

Je me laissai entraîner, et, peu de temps après, je plantai ma tente à Toulouse, que j'ai définitivement adoptée comme lieu de résidence.

Oui, c'était les niais, les ombrageux, les esculapes de nom

et sans clientèle qui cherchaient à me faire abandonner le magnétisme.

Eh bien! je demanderai aux hommes les plus sensés ce qu'ils penseraient d'un être qui viendrait empêcher un ouvrier de se servir d'un instrument qu'il reconnaîtrait être essentiel pour l'accomplissement de son œuvre ?

Que dirait le chimiste si on l'empêchait de se servir de tel ou tel réactif pour arriver à la connaissance d'une lésion organique ou pour découvrir des traces d'empoisonnement ?

Pourquoi la médecine analyse-t-elle la salive, les sueurs, les crachats, le sang, les urines, etc., etc. ?

Je dirai donc que tout homme de science, qui a l'amour de son travail, doit user de tous les moyens pour atteindre son but; il serait coupable s'il ne le faisait pas.

Quoi d'étonnant donc à ce qu'un magnétiseur ou un médecin endorme une somnambule pour s'assurer du siége d'une maladie ou pour la recherche d'un médicament salutaire?

Dans ce cas, qu'ont à perdre le malade et le médecin? Rien, n'est-ce pas. Eh bien! il faut que l'un et l'autre soient bien simples, en les supposant même incrédules, pour ne pas tenter de faire une pareille expérience.

Il y a des gens qui ne peuvent s'expliquer comment il se fait qu'une somnambule puisse donner une consultation, au moyen d'un simple gage en l'absence même du malade. A cela, la réponse est facile, sans entrer dans de longs détails.

Les experts en analyses chimiques, principalement en médecine, n'ont pas besoin d'une grande quantité d'urine pour savoir ce qu'elle renferme ; il ne leur faut pas tout le sang d'un homme pour dire si ce sang est riche, ni tout le lait d'une femme pour savoir s'il est bon.

Eh bien! il en est de même d'une somnambule lucide. Un gage tel que : cheveu, cravate, gant, etc., lui suffit pour connaître complétement l'individu et savoir de quoi il souffre.

La somnambule aussi fait son analyse, absolument comme le chimiste.

Sitôt qu'elle est en contact avec un objet, elle voit le malade, désigne pour ainsi dire sa maladie, indique le traitement à suivre pour amener la guérison. Cela est prouvé par des faits quotidiens.

Mais il y a certains hommes que rien ne peut convaincre; il n'existe pas pour eux une seule théorie vraie, ils n'en connaissent pas, ou plutôt ils n'en veulent pas, car il est plus commode de nier que d'étudier, et c'est précisément ce qui m'oblige à ajouter ces quelques vers :

> L'étude et ses charmes divers,
> Pour les petits esprits pervers,
> Sont les objets de votre indifférence.
> Je n'en suis point surpris :
> Pour chérir le magnétisme et la science,
> Il faut en connaître le prix.

X

Quatrième procès

(1865).

Après avoir subi mon troisième procès, ayant fait le voyage de Luchon et quitté la ville de Carbonne, je vins me fixer définitivement, au mois de septembre 1864, à Toulouse, où déjà de nombreux clients m'accordaient leur confiance, pour y continuer la médecine et le magnétisme. Je voyais déjà sensiblement augmenter ma clientèle ; beaucoup de malades atteints de diverses affections chroniques venaient me consulter, quelques-uns se trouvaient être des clients infidèles des célébrités médicales, et je les guérissais à ma grande joie et à leur parfaite satisfaction ; enfin, tout me faisait espérer un brillant avenir. Mais, hélas ! malheureusement je me rendis coupable d'un nouveau forfait : j'eus le malheur d'opérer la guérison miraculeuse d'un malade, dont un docteur en renom n'avait pas su diagnostiquer la maladie (1), et il n'en fallut pas davantage pour me voir de

(1) Guérison obtenue a l'aide de la médecine somnambulique.

La nommée Jeanne Cloutet, épicière, âgée de 46 ans, domiciliée à Toulouse, quartier de Saint-Michel, rue des Trente-Six-Ponts, était atteinte d'une maladie de la vessie depuis deux ans. Elle éprouvait des envies fréquentes d'uriner, avec une grande cuisson ; elle était obligée de verser de l'eau tous les quarts d'heure, soit le jour, soit la nuit ; elle souffrait beaucoup avant et après l'émission. Cette affection lui avait ôté complétement le sommeil et l'appétit ; elle avait considérablement maigri et sa faiblesse était extrême. Toutes les autres fonctions étaient dérangées.

Au mois de mai 1865, elle fit appeler un médecin que, par convenance, je ne nommerai pas.

Ce médecin, après l'avoir examinée, voulut explorer la vessie, ce qui fut accepté par la malade. Après l'examen, le docteur conclut qu'elle avait la pierre ; ensuite, il lui dit : « Je reviendrai dans deux ou trois jours pour vous examiner de nouveau. » Ce qui eut lieu. Enfin, il l'examina une troisième fois, et alors il lui dit : « Vous avez dans votre vessie une pierre grosse comme un œuf de poule ; pour vous guérir, il faut la broyer avec un instrument spécial. » — « Eh bien ! dit la malade, agissez et guérissez-moi. »

L'opération devait être faite quelques jours après. La malade ne tarda pas à parler de sa maladie à plusieurs personnes de son quartier, dont une lui dit : « Avant de vous laisser faire l'opération, j'irai à votre place consulter la somnambule pour savoir s'il n'y a pas un autre moyen de guérison. » La malade lui demanda : « Où faut-il donc que j'aille ? » Cette même personne ajouta : « Voilà une adresse de M. Surville, allez consulter sa somnambule. »

C'est le 13 mai 1865 que Mme Jeanne Cloutet vint chez moi pour la première fois ; elle me témoigna le désir de consulter la somnambule en me disant : « Je veux savoir si j'ai besoin d'une opération pour guérir le mal dont je souffre. »

La somnambule fut magnétisée, et après qu'elle lui eut décrit tous les symptômes de sa maladie et l'époque de l'origine des premières atteintes, la malade m'avoua ne pas être satisfaite de ce que la somnambule laissait de côté la chose la plus essentielle. Alors lui dis-je : Expliquez-vous donc, et dites ce que vous désirez le plus ? « Elle ne voit donc pas que j'ai une pierre dans la vessie ? » s'écria alors la malade.

La somnambule, interrogée sur ce point, dit : « Il n'existe pas de pierre dans la vessie, autrement je vous en aurais parlé ; faites le traitement que je vais

nouveau persécuté, calomnié et poursuivi toujours pour le
même motif : prévenu d'employer des manœuvres frauduleuses pour persuader l'existence d'un crédit imaginaire;
d'avoir fait naître des espérances d'un événement chimérique; d'avoir fait remettre ou délivrer des fonds par divers

vous prescrire, immédiatement vous serez soulagée et votre affection disparaîtra. »

Le traitement prescrit par la somnambule fut le suivant : purgation avec
petit-lait, 100 grammes; manne en larmes, 50 gram.; sulfate de magnésie,
10 gram.; la prendre en une fois le matin. — Tisane avec feuilles de noyer,
feuilles d'oranger, menthe et graine de lin; en prendre quatre tasses par jour,
pendant vingt jours. — Pilules avec proto-iodure de fer 5 grammes; extrait
de quinquina, 1 gramme; assa-fœtide, 1 gramme, pour 40 pilules, deux par
jour.

Bains de corps, avec 1 kilogramme de sel, un tous les trois jours, pendant vingt jours; régime tonique, de la viande de bœuf, de veau ou de vo-
laille et du bon vin coupé avec beaucoup d'eau aux repas.

Grâce à ce traitement, qui dura vingt jours, Mme Cloutet éprouva bientôt
une amélioration sensible; le sommeil devenait de jour en jour meilleur, et
l'envie d'uriner cessait de se produire aussi fréquemment. Au bout de quatre
ou cinq jours, elle se considérait comme guérie.

Le docteur qui lui avait promis de venir l'opérer dans quelques jours ne
manqua pas de se rendre avec armes et bagages auprès de son infidèle cliente,
à laquelle il demanda de nouveau si elle était bien résolue à subir l'opération.
La malade lui dit alors : « J'y suis résolue, mais, au préalable, sondez-moi
encore une fois pour voir si l'opération est absolument indispensable. » Le cher
docteur, sur cette proposition aussi sage que prudente, procéda à un quatrième
et dernier examen; mais quel ne fut pas son étonnement lorsqu'après avoir fait
tourner la sonde, appelée *cathéter*, à droite, à gauche, dans toutes les direc-
tions, il ne retrouva plus, malgré sa persistance, ce fameux aérolithe tombé
du haut de sa planète cervicale dans cette vessie malade. Cette aberration des
sens du docteur aurait pu faire croire à un état de démence. Enfin, fatigué de
son infructueuse recherche, ce pauvre docteur s'écria violemment : « Mais c'est
un miracle ! je ne trouve plus de pierre? Que s'est-il passé? Vous avez été
vous faire opérer? Vous vous êtes adressée, sans doute, à un autre médecin? »
— « Non, répondit la malade, c'est une médecine que j'ai consultée et qui m'a
guérie. » Le fameux docteur, en entendant cette réponse, redressa gravement
le cou dans sa cravate blanche, et fit, inutile de le dire, une fort vilaine gri-
mace. Un peu remis, il voulut élucider ce mystère. Il dit à la malade : « Quel
est donc le traitement que vous avez fait pour vous guérir? » Mme Cloutet
lui montra l'ordonnance que j'ai mentionnée plus haut et au bas de laquelle se
trouvait ma signature. Alors le bon docteur, renseigné, ne trouva rien de
mieux à faire que de porter cette ordonnance au commissaire de police de
Saint-Michel, en réclamant contre moi des poursuites.

Le résultat de cette inqualifiable dénonciation, qui m'accusait d'exercer illé-

et notamment par la femme Cloutet, et d'avoir ainsi escroqué partie de la fortune d'autrui, délits prévus et punis par l'art. 405, etc., du Code pénal.

On pourra lire au renvoi la relation détaillée de cette guérison opérée avec le secours du somnambulisme, guérison qui me valut un quatrième procès.

Il n'y avait pas encore dix mois que j'étais installé à Toulouse lorsque ce nouveau coup vint fondre sur moi.

Après avoir opéré la guérison que je viens de mentionner, le 22 juin 1865 je reçus à mon domicile la présente assignation :

MANDAT DE COMPARUTION

Nous, Gaspard Caussé, juge d'instruction pour l'arrondissement de Toulouse,

Mandons et ordonnons au sieur Clovis Surville, officier de santé, demeurant à Toulouse, boulevard d'Arcole, 10, de comparaître devant nous le vingt-trois juin courant, à onze heures du matin, dans notre cabinet, au Palais de justice, pour être entendu sur les inculpations dont il est prévenu.

Mandons et ordonnons aux agents de la force publique,

galement la médecine et de pratiquer des manœuvres coupables pour convaincre de l'existence d'un pouvoir supérieur imaginaire, fut une comparution, avec la somnambule Clarisse, le 7 juillet 1865, à la barre du tribunal de police correctionnelle de Toulouse. Les dépositions de Mme Cloutet et celles d'un grand nombre de témoins furent toutes en ma faveur, et je sortis victorieux de cette épreuve.

Je reviens à mon observation :

La malade prit en tout trois consultations somnambuliques : la première, le 13 mai 1865 ; la deuxième, le 3 juin ; la troisième, le 30 juillet de la même année. Je n'entrerai pas dans d'autres détails, et je terminerai cette observation, déjà bien longue, en disant que cette malade, qui avait horriblement souffert depuis deux ans environ, tant au physique qu'au moral, a été immédiatement soulagée par mon traitement, et enfin entièrement guérie en l'espace de trois mois, sans le secours d'aucune opération chirurgicale.

de notifier le présent audit Surville, pour qu'il ait à s'y conformer, sous les peines voulues par la loi.

Donné en notre cabinet, à Toulouse, le 22 juin 1865.

CAUSSÉ, *signé.*

L'an mil huit cent soixante-cinq et le vingt-deux juin,

Nous Bernard Marie, huissier audiencier près le tribunal civil de Toulouse, y demeurant soussigné,

A la requête de M. le procureur impérial de l'arrondissement de Toulouse, avons notifié à M. Clovis Surville, dans son domicile à Toulouse, le mandat de comparution ci-joint aux fins qu'il ne l'ignore, en parlant à sa personne.

Coût : un franc trente-cinq centimes.

B. MARIE.

Visé pour valoir timbre et enregistré gratis, à Toulouse, le.....

Je me rendis chez M. le juge d'instruction pour faire ma déposition. C'était invariablement la même, puisque les motifs des poursuites ne changeaient pas. Ceci fait, nous n'eûmes, la somnambule et moi, qu'à attendre de pied ferme le jour du jugement.

Le 2 juillet 1865, je reçus la présente copie qui m'invitait à comparaître, pour le 6 courant, pardevant les juges du tribunal de police correctionnelle, pour me voir condamner aux peines portées par la loi, avec dépens, etc., etc.

> Tout change de place :
> Les ris nous amènent les pleurs,
> Et la terre porte la glace
> Après avoir porté les fleurs.

TRIBUNAL CORRECTIONNEL DE TOULOUSE (HAUTE-GARONNE).

COPIE

L'an mil huit cent soixante-cinq et le deux juillet,

Nous, Bernard Marie, huissier audiencier au Tribunal de première instance, séant à Toulouse, y résidant, soussigné.

Du mandement de M. le procureur impérial près le tribunal de première instance à Toulouse, qui fait élection de domicile au parquet dudit Tribunal, avons exposé audit M. Clovis Surville, officier de santé, habitant de Toulouse, boulevard d'Arcole. 10, qu'il est prévenu de s'être. depuis moins de trois ans, à Toulouse, en employant des manœuvres frauduleuses pour persuader l'existence d'un crédit imaginaire ou faire naître l'espoir d'un événement chimérique, fait remettre ou délivré des fonds par divers, et notamment par la femme Jeanne Cloutet et autres, et d'avoir ainsi escroqué partie de la fortune d'autrui, délit prévu et puni par l'article 405 du Code pénal.

C'est pourquoi, en lui dénonçant tout ci-dessus, citation lui est donnée pour comparaître le sept du mois courant. à onze heures du matin, pardevant le tribunal de police correctionnelle de Toulouse, dans une des salles de son palais, pour se voir condamner aux peines portées par la loi, avec dépens, lui déclarant que faute d'y comparaître, il sera jugé par défaut.

Et au susnommé, en son domicile, à Toulouse, avons laissé cette copie en parlant à sa personne.

Coût : soixante centimes.

B. MARIE.

A l'heure indiquée, le 7 juillet 1865, je me rendis avec la somnambule Clarisse Heuillet à la police correctionnelle. Après que le Tribunal eut procédé à l'interrogatoire de

tous les témoins, notre avocat, qui était alors l'honorable
M° Piou, prit la parole pour porter notre défense, et avec
son talent ordinaire, son éloquence peu commune, il eut le
rare mérite de savoir expliquer, à l'aide d'une parole claire
et nette, la théorie du magnétisme et l'explication du somnambulisme en même temps qu'il prouvait que l'existence
de l'un et de l'autre étaient en dehors de toute contestation.

Il fit observer aux juges que le somnambulisme venait
au secours du magnétisme, et que, par ce moyen, l'un et
l'autre étaient susceptibles de rendre en médecine les plus
grands services; il leur dit encore que cette science était
déjà pratiquée depuis longtemps, non-seulement à Toulouse,
Marseille, Paris, mais presque partout aujourd'hui; que le
fluide magnétique ne pouvait être appréciable à nos sens
que par les effets que l'on en ressentait.

« On ne peut pas le voir, ajouta M° Piou, car en cela il
se trouve semblable à bien d'autres phénomènes qui ne se
démontrent que par leurs effets. En établissant une compa-
raison, on pourrait peut-être mieux vous faire comprendre.

» Le vent, par exemple, nous frappe sans que nous
puissions le voir ; la chaleur, nous la ressentons également
et nous ne pouvons pas la voir non plus, et cependant
elle existe. Et le choléra ! le voyons-nous ? Pas plus encore
que bien d'autres choses, qui restent dans le domaine de
l'inexplicable, mais que, dans un temps peut-être prochain,
on pourra mieux définir et apprécier, grâce au dévouement
persévérant de ceux qui cherchent en toutes choses la
vérité.

» Il faut bien un peu de respect, messieurs, pour les novateurs, car il y a déjà peu de temps, c'est grâce à eux qu'une
infinité de découvertes ont été faites, et qu'aujourd'hui elles
servent à nos impérieux besoins, qu'elles font la satisfaction
et l'admiration de tout le monde. Et pour ne parler seulement que de la découverte de la vapeur et de son application dans le transport des chemins de fer, ne paraît-il pas

surnaturel de pouvoir ainsi aller d'un point à un autre
d'une manière aussi rapide?

» Et la télégraphie n'est-elle pas aussi une découverte
sublime ? »

Mᵉ Piou parla ainsi longuement des effets du magnétisme
et du somnambulisme, ainsi que de plusieurs autres découvertes, en citant à l'appui de sa thèse les textes de plusieurs
auteurs.

Je vais reproduire encore quelques autres fragments de sa
remarquable plaidoirie :

Mᵉ Piou. — « Je ne suis pas fâché, messieurs les juges, de
faire une observation consolante pour l'espèce humaine :
c'est qu'à la différence de la médecine moderne, qui, en
jugulant le mal, *jugule* trop souvent le malade, la magnétisation est éminemment hostile au système débilitant.
MM. Broussais, Bouillaud et toute cette école ont prouvé
qu'ils avaient rendu un immense service à la science, parce
que, au lieu de nous laisser enlever par la fièvre, ils avaient
trouvé le moyen de nous laisser éteindre faute d'aliments.
M. Mesmer procède d'une toute autre façon. Écoutez-le :

« Une dame passe huit jours chez moi sans boire ni manger, sourde, aveugle, muette, sans connaissance et en état
convulsif. Le premier acte qu'elle fit par mon traitement
fut de manger une soupe au riz. (*Précis historique,* p. 139).

» Une demoiselle passa treize jours dans le même état
que la dame dont je viens de parler. Dans les neuf derniers
jours, elle n'avait rien avalé, et au moment où elle revint de
ce terrible état, il n'y avait rien de prêt. J'envoyai chercher
deux œufs frais et les lui fis manger avec des mouillettes,
avec des mouillettes, messieurs de la Faculté !

» Je pourrais offrir à la critique de Vaugesmes plusieurs
exemples de ce genre : mais qu'il lui suffise de savoir qu'en
général mes malades, quel qu'ait été leur état une heure ou
deux auparavant, me quittent le matin pour aller dîner et
le soir pour aller souper. »

» Certes, les disciples de Broussais auraient fait poursuivre cet homme-là !

» Cette médecine *nutritive* paraît une fable aux yeux des médecins accoutumés à faire garder indéfiniment la diète aux malades; cependant, ils devraient réfléchir que la nutrition est un besoin urgent de la nature, tandis que la diète forcée n'est qu'un système hors nature. Préjugés à part, le sens commun est pour moi.

» Et d'ailleurs, l'Académie de 1837 n'a-t-elle pas justifié l'homme consciencieux qui seul, avec quelques collègues, osait lever l'étendard de la vérité contre la prévention, l'erreur et la calomnie ?

» Ecoutez, messieurs, quelques-unes des conclusions de ce rapport, rédigé si consciencieusement, après des expériences de sept années, tant à l'Hôtel-Dieu qu'à la Charité, à la Salpétrière, au Val-de-Grâce, et dans les salles de l'Académie de médecine :

» Le somnambulisme donne lieu au développement de facultés nouvelles, qui ont été désignées sous le nom de *clairvoyance d'intuition*, de prévision *intérieure*. Il produit de grands changements dans l'état physiologique : comme l'insensibilité, un accroissement subit et considérable de forces.

» On peut non-seulement agir sur le magnétisé, mais encore le mettre complétement en somnambulisme et l'en faire sortir à son insu, *hors de la vue*, à une certaine distance et au *travers des portes*.

» Quelquefois, l'odorat est comme anéanti. On peut leur faire respirer l'acide muriatique ou l'ammoniaque sans qu'ils en soient incommodés, sans même qu'ils s'en doutent; on peut leur piquer la peau sous l'ongle avec des épingles, enfoncées à l'improviste à une grande profondeur, sans qu'ils aient témoigné la moindre douleur, sans qu'ils s'en soient aperçus. On en a vu un qui a été insensible à l'une des opérations les plus douloureuses de la chirurgie et qui n'a pas dénoté la plus légère émotion.

» L'action à distance ne paraît pouvoir s'exercer avec succès que sur des individus qui ont été déjà soumis au magnétisme.

» Nous avons vu deux somnambules distinguer, les yeux fermés, les objets que l'on a placés devant eux : ils ont désigné, sans les toucher, la couleur et la valeur des cartes ; ils ont lu des mots tracés à la main, ou quelques lignes de livres que l'on a ouverts au hasard. Ce phénomène a eu lieu, alors même qu'avec les doigts on fermait exactement l'ouverture des paupières.

» Nous avons rencontré, chez deux somnambules, la faculté de *prévoir* des actes de l'organisme plus ou moins éloignés, plus ou moins compliqués. L'un d'eux a annoncé, plusieurs jours, plusieurs mois à l'avance, le *jour*, l'*heure* et la *minute* de l'invasion et du retour de l'accès épileptique : l'autre a indiqué l'époque de sa guérison.

» La commission n'a pas pu vérifier, parce qu'elle n'en a pas eu l'occasion, d'autres facultés que les magnétiseurs avaient annoncé exister chez les somnambules ; mais elle communique des faits assez importants dans son rapport pour qu'elle pense que l'Académie devrait encourager les recherches sur le magnétisme, comme une branche très curieuse de psychologie et d'histoire naturelle.

» Nous ne réclamons donc pas de vous une croyance aveugle à tout ce que nous avons rapporté ; nous comprenons qu'une grande partie de ces faits sont si extraordinaires que vous ne pouvez pas nous l'accorder ; peut-être nous-mêmes oserions-nous réfuter la nôtre si, changeant de rôle, vous veniez les annoncer à cette tribune, à nous qui, comme vous aujourd'hui, n'aurions rien vu, rien observé, rien étudié, rien suivi.

» Nous vous demandons seulement que vous nous jugiez comme nous vous jugerions, c'est-à-dire que vous demeuriez bien convaincus que ni l'amour du merveilleux, ni le désir de la célébrité, ni un intérêt quelconque ne nous ont guidés dans nos travaux; nous étions animés par des motifs plus élevés, plus dignes de nous : par l'amour de la science et par le besoin de justifier les espérances que l'Académie avait conçues de notre zèle et de notre dévouement.

> » Signé : Bourdois de Lamothe, président,
> Fouquier, Gueneau de Mussy. Guer-
> sant, Husson, Itard, Leroux, Marc,
> Thillaye. »

» On ne dira pas, je l'espère, que ces noms-là ne soient pas des noms les plus marquants de la science médicale.

» Ce considérant n'est pas flatteur pour les savants illustres qui, à la différence des académiciens de 1784, *proscrivant le magnétisme sans examen*, ont signé, après sept années d'expériences assidues, le fameux rapport de 1831.

» Leur raison peut dire *oui*, quand une autre, tout aussi respectable, dit non..... Laquelle dit *vrai?* La leur, peut-être.....

» Et dans tous les cas, je ferai observer au tribunal que la tolérance pour les erreurs d'autrui est d'autant plus juste, que tous, individus et corporations, en avons un même besoin.

» Qui ne s'est pas trompé?

» Sans parler de la leçon infligée par l'Académie de 1831 aux savants de 1784, combien la justice en a-t-elle reçues du même genre? Consultez ses archives !

» Vous connaissez tous l'émétique, du moins de réputation. Or, le Parlement de Paris, sollicité par la Faculté de médecine, en a défendu l'usage... Qu'arriva-t-il? Louis XIV tombe malade : il doit sa guérison à l'émétique.

» Voilà le Parlement convaincu d'ignorance au premier chef, d'ignorance qui aurait pu être régicide! Aussi il se ravise; bientôt a lieu la révocation de son arrêt, ainsi que du décret de la Faculté, et l'émétique est réhabilité dans la gloire dont il jouit encore chez tous les apothicaires. (Hilarité.)

» Qui ne sait l'histoire de l'inoculation? Un arrêt du Parlement a proscrit la vaccine en 1763, et, dans cette année de grâce 1865, il n'y a pas en France un seul magistrat qui n'ait dans son cabinet son certificat de vaccine.

» Et si nous exhumons d'autres archives, est-ce que la circulation du sang n'a pas été déclarée impossible, et *Harvey*, l'illustre auteur de cette découverte, considéré, par l'élite des docteurs, comme fou, jongleur et charlatan?

» Que dirai-je des aérolithes? L'*Annuaire du Bureau des Longitudes* en cite cent quatre-vingts exemples, constatés au commencement de ce siècle..... Eh bien! la supposition de leur existence a fait longtemps la joie et la risée des grands hommes de l'Institut!

» On n'en finirait pas si on voulait constater toutes les erreurs accréditées au nom du *bon sens*.

» Si donc le *bon sens* et la *raison* des hommes les plus éminents ont été tant de fois confondus, ne nous arrêtons pas, pour condamner le magnétisme, à cet argument banal : « Je ne puis croire....., c'est impossible....., » et recherchons les faits.

» Or, messieurs, il y a, de l'avis unanime des amis et des ennemis du magnétisme, un fait incontesté et incontestable : c'est que le *somnambulisme naturel* existe. Je parle de cet état qui se manifeste chez certains individus pendant leur sommeil; état extraordinaire, anormal, que je résume en disant que celui qui s'y trouve, jouit, quoique endormi, de facultés bien supérieures à celles qu'on remarque chez lui à l'état de veille, et de facultés d'une autre nature. Comment un homme qui *dort* acquiert-il ce surcroît, ce supplément de vie? Comment le somnambule qui, éveillé, n'oserait, du haut d'un balcon, contempler l'élévation où il se trouve de la terre, va-t-il la nuit, les yeux fermés, se promener sur le faîte d'une maison? et pourquoi s'il s'éveille, c'est-à-dire si, au lieu de la lumière dont Dieu éclairait son rêve, celle de la raison lui revient, le voyez-vous chanceler, tomber, et se briser le crâne sur le pavé de nos rues ?

» Pourquoi ? La raison dit : « c'est impossible, » et l'expérience répond : « pourtant cela est vrai. »

» Gassendi, qui ne mourut qu'en 1658, rapporte, au sujet du somnambulisme naturel, qu'il a connu un jeune homme de Digne, en Provence, qui se levait en dormant, s'habillait, ouvrait les portes, descendait à la cave, tirait du vin et faisait d'autres actions semblables ; quelquefois, il écrivait dans la nuit la plus obscure, il distinguait tous les objets comme en plein jour ; si sa femme l'appelait, il lui répondait à propos.

» Dès le commencement du siècle, on avait remarqué que les phases de la lune déterminaient le retour de la crise caractéristique du somnambulisme naturel, et Zwinger en donne un exemple, en citant un jeune homme de dix-huit ans qui n'était somnambule que *dans le temps de la pleine lune.*

» Diogène Laërce dit avoir connu un philosophe stoïcien qui, pendant son sommeil, composait des ouvrages de philosophie, les relisait, les corrigeait. Or, Zwinger rapporte l'histoire de deux jeunes gens qui, les yeux fermés, se levaient la nuit pour écrire et composer : l'un faisait des thèmes d'allemand en latin, l'autre était un professeur de poésie qui, s'étant inutilement fatigué dans la journée pour faire des vers, les avait laissés incomplets. Quel fut son étonnement, quand, le lendemain matin, se mettant en devoir d'achever ses vers, il trouva l'ouvrage terminé et écrit en entier de sa propre main !

» Et quelle variété dans les phénomènes du somnambulisme naturel ! Lisez tout ce que les livres des savants disent à ce sujet. Je n'en citerai plus qu'un seul autre exemple : Tout le monde sait par cœur la fable des *Deux pigeons,* ce chef-d'œuvre de grâce, de sensibilité et d'harmonie : « *Deux pigeons s'aimaient d'amour tendre.....* »

» Eh bien ! nous la devons au somnambulisme. (Attention marquée.)

» Un jour (1), le bonhomme rencontrant deux de ses amis, les invite à souper. Il rentre, et, distrait comme d'habitude, mari trop peu galant, toujours selon son habitude (on rit), il oubli même de dire bonsoir à Mme La Fontaine, et se met au lit. Les convives sont exacts..... Mme La Fontaine, qui les avait reçus, ne parlait point de souper..... L'appétit se faisait sentir..... Bref, le quiproquo s'explique : on soupe, et l'étourderie du bonhomme égayait beaucoup les convives. ..., lorsqu'on voit apparaître l'auteur de *Maître Corbeau*, vêtu d'une tunique blanche....., enfin, dans le plus léger de tous les costumes. (On rit.)

» Il traverse la salle à manger, les yeux ouverts, mais fixes, et ne voyant personne.

» Il entre dans son cabinet et s'y enferme. Au bout d'une demi-heure, il en sort, se frottant les mains, et regagne sa chambre.

» Etonnés de cette apparition, ses amis sont curieux d'apprendre quelle impulsion avait pu le conduire en rêve dans son cabinet.

» Une encre fraîche leur révèle que l'immortel dormeur venait d'enfanter la plus belle peut-être de ses fables. J'avoue que pour un homme marié ce n'est pas la plus morale. (Hilarité.)

    « J'ai quelquefois aimé..... je n'aurais pas alors,
        Contre le Louvre et ses trésors,
    Contre le firmament et sa voûte céleste,
        Changé les bois, changé les lieux
    Honorés par les pas, éclairés par les yeux
       De l'aimable et jeune bergère..... »

» Quelle analogie existe entre le magnétisme naturel et le magnétisme artificiel ? Quels sont leurs caractères distincts ?

(1) Le magnétisme traduit en Cour d'assises. Acquittement de Richard, par Ledru-Rollin, p. 59.

Ce n'est point là mon sujet : ce que j'ai voulu dire seulement, c'est que je mets le bon sens de tout le parquet au défi d'expliquer les merveilles du somnambulisme ordinaire. Or, si cela est vrai, pourquoi ces messieurs auraient-ils la prétention de nier des faits constants, par le seul motif que ces faits sont loin de la portée de leur intelligence ?

» Ce n'est pas assez, messieurs les juges, de vous avoir montré que Surville n'est pas mieux traité que ne le fut Mesmer ; n'y aurait-il pas quelque fondement aux attaques contre la science qui a excité et qui excite encore des inimitiés si vives ?

» Qu'est-ce donc que le magnétisme ? (Mouvement d'attention.) Ceux qui y croient seraient-ils des insensés ou des rêveurs ? Cela pourrait bien être ; avouons toutefois que dans cette foule d'insensés on remarque assez bonne compagnie. Parmi les partisans du magnétisme, je vois les Puységur, les Lafayette ; des magistrats comme les Deprat, conseiller au Parlement de Bordeaux, les Duval-d'Esprémenil, conseiller au parlement de Paris ; des prêtres comme le vertueux Gérard, supérieur général de la Charité..., enfin, les Broussais, et des noms comme ceux des Cuvier, des Laplace... Il me semble que ceux-là daigneraient être pesés dans la balance !

» Après tout, messieurs les juges, s'il y a dans le magnétisme, comme dans toutes les choses de la nature, des secrets impénétrables, on peut expliquer, jusqu'à un certain point, ses phénomènes ; Mesmer a dit à ce sujet beaucoup de choses en quatre lignes, les voici :

» Le magnétisme animal doit être considéré comme un *sixième* sens artificiel. La supposition d'un sixième sens artificiel ne doit point choquer. Toute personne qui se sert d'un microscope fait, à la rigueur de l'expression, usage de ce sixième sens artificiel. »

» Or, Messieurs, si un *sens nouveau* peut être communiqué à l'homme par l'homme, est-il si étrange que ce sens nouveau nous offre des perceptions nouvelles? Eh bien! le magnétisme, selon Mesmer, nous communique un sens nouveau; il nous donne une vue, qui est en quelque sorte à la vue actuelle ce que cette vue elle-même est au tact, c'est-à-dire une vue plus longue, plus perçante, plus claire, et, si j'ose le dire, plus immatérielle.

» Ainsi, le fluide que le magnétiseur communique à la personne magnétisée lui sert, à la lettre, comme un microscope invisible, comme une force ayant ses vertus spéciales, selon la nature des rapports qui existent entre le foyer actif d'où elle émane, c'est-à-dire le magnétiseur et l'intelligence passive qui la reçoit et s'en illumine, c'est-à-dire encore la personne magnétisée.

» Voilà ce qu'enseigne une théorie admirable dans sa simplicité. Et quand la théorie de tant de faits incontestables serait à découvrir encore, que peut-on répondre à l'expérience, à moins qu'on ne dise, comme M. Bouillaud, le fameux partisan des saignées *coup sur coup :*

» *Je verrais ces faits... je les produirais moi-même... que je ne le croirais pas.* »

Heureusement, à ce pyrrhonisme intraitable, à ce parti-pris d'une incrédulité opiniâtre, on peut opposer de nobles exemples.

» J'aime à citer celui de Georget, dont nous connaissons tous au barreau les travaux célèbres. Ce modeste savant avait le malheur, comme tant d'autres médecins, d'être athée et matérialiste. Il était de ceux qui, n'ayant jamais trouvé sous leur *scalpel* une *âme* humaine, arrivent à cette triste conclusion : « Donc, il n'y a point d'âme, et tout est matière. »

» Le magnétisme peut revendiquer l'honneur de lui avoir enseigné Dieu et de lui avoir révélé la plus consolante de toutes les vérités : l'immortalité de l'âme et de la vie future.

» De nouvelles méditations, dit-il, et surtout les phénomè-

nes du somnambulisme magnétique, ne me permirent plus
de douter de l'existence en nous et hors de nous d'un principe intelligent tout à fait différent des existences matériel-
les : l'*âme et Dieu*. Il y a chez moi, à cet égard, une conviction profonde, fondée sur des faits que je crois incontestables. »

» Ainsi s'exprime dans son testament un homme qui, après
avoir longtemps méconnu ce qui console ici-bas de toutes les
misères et de toutes les injustices, ce qui inspire de la force
contre tous ceux qui en souffrent, crut que la plus noble
façon d'expier ses erreurs était d'en faire un aveu candide
et de s'en repentir avec loyauté. (Approbation.)

» Je ne pourrais rien dire qui parlât plus haut en faveur
du magnétisme que cette conversion d'un honnête homme
qui, en terminant une carrière illustre dans la science, a
laissé un exemple plus honorable à sa mémoire que sa
science elle-même et que toute la célébrité qu'il lui doit.

» Je viens de parler d'une science dont on a dit, malgré
ses innombrables erreurs : « *Que c'est un art qui guérit
quelquefois, soulage souvent et console toujours.* »

» Je ne suis pas fâché, messieurs les juges, de vous dire
encore ce que l'art de la médecine doit au magnétisme.

» Il y a, parmi les savants qu'elle propose à l'admiration
des hommes, un nom au-dessus de tous les autres, qui, domi-
nant tous les systèmes opposés et toutes les écoles rivales,
invoqué par tous comme leur drapeau, est arrivé jusqu'à
nous au milieu de l'estime et du respect des siècles : c'est
Hippocrate.

» Heureusement pour Hippocrate, messieurs, il n'est pas
venu sous ce règne.

» C'est qu'en effet, Hippocrate puisa toute sa science dans
le magnétisme.

» On ne s'expliquait pas comment la médecine, qui depuis
le sage de Cos a reçu le secours de tant de connaissances
accessoires, paraît n'avoir pas fait un pas en avant et semble

au contraire tourner dans un cercle perpétuel d'erreurs, tandis que l'œuvre d'Hippocrate reste debout comme le dépôt sacré de l'antique et vraie loi. Les disciples de Mesmer répondent, l'histoire à la main, que c'est là la preuve la plus puissante en faveur du magnétisme. En effet, Hippocrate, qui vivait quatre siècles avant Jésus-Christ, avait beaucoup voyagé : il était allé à Athènes, en Thessalie, en Macédoine, dans la Thrace, et même dans le pays des Scythes. Comme il avait partout recueilli des notes précieuses; qu'il avait consulté les oracles d'Esculape, de Sérapis, d'Isis et d'Osiris; que dans les temples il avait vu les *ex voto* sur lesquels les malades, guéris par le dieu qui les avait visités pendant leur sommeil, ou par l'intercession des prêtres qui, dans leurs rêves mystérieux, avaient dicté les ordonnances du ciel et en exprimaient leur reconnaissance, il avait pu en constater à la fois la maladie dont ils avaient été atteints et les formules curatives auxquelles ils avaient obéi.

» Fécondant de son génie l'immensité de ces richesses éparses, Hippocrate en fit un corps de doctrine, et c'est ainsi qu'ayant réuni les matériaux de la science magnétique, il a élevé ce monument, qui est comme le temple de sa gloire. (Sensation.)

» J'ai déjà dit, messieurs, en citant une parole féconde de Mesmer, comment le mystère qui enveloppe les miracles du magnétisme s'est laissé entrevoir à ce génie puissant. — Permettez-moi de vous les apprendre.

» Vous n'ignorez pas, messieurs les juges, les découvertes dûes, dans le dix-septième siècle, au génie des physiciens Gray et Dufay. — On savait déjà que l'ambre frotté attire et repousse des parcelles de corps légers. De ce fait si simple jaillirent pour eux d'immenses clartés : l'électricité était découverte.

» Bientôt vinrent Galvani et Volta. Ils avaient donné à l'électricité une forme nouvelle : le galvanisme devint une science à part.

» Bientôt encore l'identité des fluides électriques et galvaniques fut reconnue, et de nos jours, grâce aux travaux d'Œrsted, Ampère, Arago, Biot, Becquerel, nous voyons surgir des théories qui ont fondé dans la science comme un monde tout nouveau.

» Il ne m'appartient pas de vous faire pénétrer dans ces hautes régions ; mais il y a un fait bien simple, que notre raison à son tour peut concevoir, car il est de nature à jeter un grand jour sur la question. Juxtaposez deux métaux l'un contre l'autre, ils agiront réciproquement l'un sur l'autre par une communication invisible à l'œil, mais certaine ; une électricité *sui generis* les tient en relation telle, qu'on dirait qu'un même souffle les anime, ou du moins qu'un être sympathique, interposé entre eux, les alimente de sa vie en participant à leur propre vie. (Sensation.)

» Je ne parle point le langage de la science, je ne définis point envers ses procédés ; je vous montre de loin, dans notre langage tout impropre, un phénomène irrécusable et à l'abri de toute controverse.

» Eh bien ! messieurs, est-ce que si les métaux agissent sur les métaux, l'homme sera incapable d'agir de la même manière sur l'homme ? Si une relation invisible s'établit entre deux natures inanimées ; si un fluide secret et impondérable les rapproche comme une sorte de mystérieux intermédiaire, de façon à ce que l'un soit soumis à l'autre, pourquoi une nature humaine n'aurait-elle pas sur une autre nature humaine une puissance, une action proportionnée à la différence qui existe entre la matière face à face avec la matière et l'homme face à face avec l'homme ? (Sensation nouvelle.) Et voyons quel fait étrange semble se prêter à ces hypothèses. Le premier appareil qui résulte de la fécondation humaine est un appareil tout nerveux : c'est la moelle épinière qui s'organise et la *pile* nerveuse qui s'établit. L'organisme humain est une véritable *pile* électro-magnétique. Joignez à cela qu'il est démontré que le système nerveux élabore un fluide particulier; que le cerveau, la moelle épinière, les plexus, les ganglions, les cordons nerveux, en un mot, tout le système nerveux de l'homme, est l'appareil élaborateur d'une électricité qui n'est que le magnétisme humain; rappelez-vous ensuite que l'électricité traverse les corps conducteurs et que le calorique les traverse tous; rappelez-vous que le magnétisme minéral, l'aimant, agissent à travers les corps les plus compactes; rappelez-vous enfin que, d'après l'hypothèse du grand Newton, la lumière ou le fluide qui la manifeste est la cause seconde et le principe de tous les êtres, et alors, si l'on vous dit que le fluide vital, fluide analogue à tous les autres fluides impondérables, dont il est en quelque sorte le résumé....., que ce fluide est plus parfait qu'eux, puisque, élaboré dans un appareil plus parfait que les autres, l'organisme humain, il est de plus sous l'influence de l'âme qui lui imprime sa forme et sa vie....., vous étonnerez-vous que ce fluide, ce magnétisme humain, cette lumière, plus pure que toute lumière, traverse les corps, les illumine, éclaire ceux qui sont placés au-delà, et se manifeste par les merveilles qui éclatent dans le magnétisme! (Sensation profonde.)

» Je crois pouvoir dire, sans être accusé de calomnie, que le ministère public n'avait pas vu la question sous cette face.

» Il n'est personne parmi vous, messieurs, qui, dans tout ce qu'on a pu citer sur le magnétisme, n'ait entendu parler de cette faculté qu'ont certains somnambules, non-seulement de préciser le genre de maladie dont ils sont affectés, la durée, l'issue de ces maladies, mais encore le genre, la durée et l'issue des maladies des personnes avec lesquelles on les met en rapport.

» Vous avez tous également entendu parler d'un fait qui a fixé dans le temps l'attention de la section de chirurgie; il me paraît d'une telle importance, concernant l'intérêt de la science du magnétisme, que je crois devoir vous le faire connaître :

» Il a été communiqué, dans la séance du 16 avril 1829, par Jules Cloquet. La commission crut devoir le consigner ici comme une des preuves les moins équivoques de la force du sommeil magnétique. Il s'agit d'une dame P..., âgée de soixante-quatre ans, demeurant rue Saint-Denis, n° 151, qui consulta M. Cloquet, le 8 avril 1829, pour un cancer ulcéré qu'elle portait au sein droit depuis plusieurs années, et qui était compliqué d'un engorgement considérable des ganglions axillaires correspondants. M. Chapelain, médecin ordinaire de cette dame, qui la magnétisait depuis quelques mois, dans l'intention, disait-il, de dissoudre l'engorgement du sein, n'avait pu obtenir d'autre résultat, sinon de produire un sommeil très profond, pendant lequel la sensibilité paraissait anéantie, les idées conservant toute leur lucidité. Il proposa à M. Cloquet de l'opérer pendant qu'elle serait plongée dans le sommeil magnétique. Ce dernier, qui avait jugé l'opération indispensable, y consentit, et le jour fut fixé pour le dimanche suivant, 12 avril. La veille et l'avant-veille, cette dame fut magnétisée plusieurs fois par M. Chapelain, qui la disposait, lorsqu'elle était en somnambulisme, à supporter sans crainte l'opération, qui l'avait même amenée à en causer avec sécurité, tandis qu'à son réveil elle en repoussait l'idée avec horreur.

» Le jour fixé pour l'opération, M. Cloquet, en arrivant, à dix heures et demie du matin, trouva la malade habillée et assise dans un fauteuil, dans l'attitude d'une personne paisiblement livrée au sommeil naturel. Il y avait à peu près une heure qu'elle était revenue de la messe, qu'elle entendait habituellement à la même heure. M. Chapelain l'avait mise dans le sommeil magnétique depuis son retour. La malade parla avec beaucoup de calme de l'opération qu'elle allait subir, et tout étant disposé pour l'opérer, elle se déshabilla elle-même et s'assit sur une chaise.

» M. Chapelain soutint le bras droit; le bras gauche fut laissé pendant sur le côté du corps. M. Pailloux, élève interne de l'hôpital Saint-Louis, fut chargé de présenter les instruments et de faire les ligatures. Une première incision, partant du creux de l'aisselle, fut dirigée au-dessus de la tumeur jusqu'à la face interne de la mamelle ; la deuxième, commencée au même point, cerna la tumeur par en bas et fut conduite à la rencontre de la première. Les ganglions engorgés furent disséqués avec précaution, à raison de leur voisinage de l'artère axillaire, et la tumeur fut extirpée. La durée de l'opération a été de dix à douze minutes.

» Pendant tout ce temps, la malade a continué à s'entretenir tranquillement avec l'opérateur et n'a pas donné le plus léger signe de sensibilité : aucun mouvement dans les membres ou dans les traits, aucun changement dans la respiration ni dans la voix, aucune émotion, même dans le pouls, ne se sont manifestés; la malade n'a pas cessé d'être dans l'état d'abandon et d'impassibilité automatique où elle était quelques minutes avant l'opération. On n'a pas été obligé de la contenir ; on s'est borné à la soutenir. Une ligature a été appliquée sur l'artère thoracique latérale, ouverte pendant l'extraction des ganglions. La plaie étant réunie par des emplâtres agglutinatifs et pansée, l'opérée fut mise au lit toujours en état de somnambulisme, dans lequel on l'a laissée quarante-huit heures. Une heure après l'opération, il se manifesta une légère hémorrhagie qui n'eut pas de suites. Le premier appareil fut levé le mardi suivant; la plaie fut nettoyée et pansée de nouveau, et la malade ne témoigna aucune sensibilité, ni douleur; le pouls conserva son rythme habituel.

» Après ce pansement, M. Chapelain réveilla la malade, dont le sommeil somnambulique durait depuis une heure avant l'opération, c'est-à-dire depuis deux jours. Cette dame ne parut avoir aucune idée, aucun sentiment de ce qui s'était passé ; mais en apprenant qu'elle avait été opérée et voyant ses enfants autour d'elle, elle en éprouva une très vive émotion, que le magnétiseur fit cesser en l'endormant aussitôt.

» La commission a vu dans cette observation la preuve la plus évidente de l'abolition de la sensibilité pendant le somnambulisme, et elle déclare que bien qu'elle n'ait pas été témoin de cette dernière observation, elle la trouve empreinte d'un tel caractère de vérité, elle lui a été attestée et répétée par un si bon observateur, qu'il l'avait communiquée à la section de chirurgie, et qu'elle n'a pas craint de vous la présenter comme le témoignage le moins contestable de cet état de torpeur et d'engourdissement provoqué par le magnétisme.

» Ainsi, messieurs les juges, je pourrais, à la suite de cette observation authentique, qui a été péniblement recueillie par des observateurs les plus dignes de foi, en reproduire encore un bien plus grand nombre qui ne seraient pas moins intéressantes, et qui n'auraient pour but, en définitive, que de venir confirmer l'exactitude des phénomènes du somnambulisme et corroborer, par des exemples fort remarquables, l'existence de l'insensibilité, de l'intuition et de la faculté de prévisions que l'on observe chez les magnétisés ; mais je craindrais d'abuser un peu trop de votre bienveillante attention.

» D'ailleurs, messieurs, ne faudrait-il pas être atteint d'un véritable parti-pris pour voir des délits partout; pour supposer que M. Surville n'a pas agi, pour les consultations à l'égard de ses malades, avec discernement et la plus entière bonne foi ?

· » Et les documents sur lesquels s'appuie l'accusation, peuvent-ils en quoi que ce soit incriminer sa moralité ?

» Je ne le pense pas.

Disons deux mots de Mme Cloutet, qui est un des principaux témoins :

» Cette dame vous dit que le docteur, après son examen,

avait conclu qu'elle avait une pierre dans la vessie et que, pour la guérir, il avait besoin de la broyer avec un instrument spécial. L'opération devait avoir lieu quelques jours après. La malade, étant très inquiète, parla de son affection à plusieurs personnes de son quartier, dont une lui dit :

» Avant de vous laisser faire l'opération, j'irais, à votre place, consulter la somnambule pour savoir s'il n'y a pas un autre moyen de guérison. »

» La dame lui demanda :

« Où faut-il donc que j'aille ? »

» Cette même personne ajouta :

« Voilà une adresse de M. Surville, allez consulter sa somnambule. »

» Et en effet, le 13 mai 1865, Mme Cloutet se rendit chez M. Surville. La somnambule fut magnétisée, et après qu'elle lui eut décrit tous les symptômes de sa maladie et l'époque de l'origine des premières atteintes, la malade ayant demandé si elle avait une pierre dans la vessie, elle lui répondit :

» Il n'en existe pas, autrement je vous en aurais parlé. Faites le traitement que je vais vous prescrire, immédiatement vous serez soulagée et votre affection disparaîtra. »

» La malade s'est rendue trois fois chez la somnambule, elle a pris en tout trois consultations, et le résultat, messieurs les juges, comme vous venez de l'entendre de la propre bouche de la malade, a été des plus heureux.

» Ainsi, messieurs, si nous voulions discuter cette cure, nous pourrions bien dire, entre nous, que si les somnambules sont susceptibles de se tromper, les médecins ne sont pas non plus toujours infaillibles et qu'ils se trompent eux aussi quelquefois.

» Un autre exemple non moins curieux est celui de M. Caminat, qui vient de nous déclarer qu'il était venu prier M. Surville de soumettre à l'examen de sa somnambule les cheveux d'une de ses filles très malade et à laquelle il prenait le plus vif intérêt. Cette consultation fatigua, dit-il, un peu la demoiselle Clarisse, mais elle découvrit chez la malade, à qui appartenait la mèche de cheveux, la maladie dont elle était atteinte..... : tous les symptômes annoncés étaient véritables, ainsi que le témoin l'a reconnu.

» Je n'ai pas besoin de parler plus longuement sur d'autres faits très significatifs qui ressortent des déclarations des témoins Fages et autres.

» Comme vous avez fort bien entendu, messieurs les juges, toutes ces personnes ne sont venues déposer ici que des faits louables en faveur de la médecine somnambulique et des prévenus, ce qui doit les mettre, comme j'en ai la ferme confiance, en dehors de toute atteinte juridique.

» Ainsi, messieurs, si, au lieu d'appliquer la loi qui réprime l'escroquerie à ceux qui, par la *fraude* et le mensonge, comme on veut bien le dire, veulent s'emparer de la fortune d'autrui, on l'appliquait aux partisans de tel ou tel système, quel honnête homme pourrait répondre de n'être pas appréhendé dans son domicile, en vertu d'un mandat d'amener ?

» Vous voyez ce qui arrive à M. Surville. Mais les magnétiseurs ne sont pas les seuls de ce monde dont la doctrine soit fortement combattue, pour ne parler que des médecins; on sait assez qu'ils ne sont pas toujours du même avis, je ne dirai pas sur une maladie donnée, mais sur le mode général de guérison.

» Prenons seulement les plus fameuses théories médicales de ce siècle :

» Le célèbre écossais Brown explique la plupart des maladies par une diminution des forces vitales : c'est l'état asthénique, pour parler sa langue. En conséquence, les heureux malades des médecins de cette école sont placés sous le régime des stimulants.

» Cette consolante théorie a été renversée par un docteur non moins fameux, l'italien Rasori. Celui-ci ne voit partout que des inflammations : au lieu de stimulant, il applique

les contre-stimulants..... C'est le père intellectuel de Broussais et Bouillaud.

» Vous voyez, messieurs, que si on peut faire au nom
de la médecine et contre le magnétisme de longs réqui-
sitoires, il ne lui serait pas difficile de porter la guerre dans
le camp de ses ennemis.

» Peut-être, hélas! n'y a-t-il pas une seule question dont la
parfaite solution soit possible à la faiblesse de notre intelligence, et n'y a-t-il de vrai, en ces choses, que le cri sublime
du poète, demandant à son génie : « Où est la sagesse ? »

> Socrate la cherchait aux beaux jours de la Grèce.....
> Platon, à Sunium, la cherchait après lui :
> Deux mille ans sont passés, je la cherche aujourd'hui ;
> Deux mille ans passeront, et les enfants des hommes
> S'agiteront encor dans la nuit où nous sommes.

» Je termine en vous disant, messieurs les juges, que j'ai
le plus grand espoir que le verdict que vous allez rendre
sera digne d'un tribunal éclairé, consciencieux, indépendant,
qu'il sera digne de vous; et permettez-moi, en vous remerciant
par avance, au nom de l'intérêt général, comme d'un acte
exemplaire et d'un hommage rendu à la probité publique,
de vous remercier aussi de l'attention si bienveillante que
vous avez daigné donner à ma voix.

» Si vous saviez, messieurs, combien il est doux quand un
homme d'honneur souffre, persécuté, d'être l'appui près
duquel il se réfugie, le cœur dans lequel il dépose ses cha-
grins, l'appui dont il attend secours..... et de pouvoir lui
dire, à la fin des débats, où ce qui est juste, vrai, loyal, va
triompher de ceux qui disposent du crédit, de la puissance,
de l'autorité : Consolez-vous, le temps des angoisses va
finir ; il y a encore quelque justice sur la terre ; elle vous
a failli bien des fois, mais elle est venue! (Sensation profonde.)

» Oh ! oui, messieurs les juges, cela est doux, et j'ai déjà

la plus entière confiance que vous allez accomplir vos nobles
devoirs à l'égard de l'honnête homme qui est encore avec
sa complice devant vous assis sur le banc des prévenus. »

M. le président fit ensuite le résumé des débats. Dans
une analyse rapide et élégante, l'honorable magistrat exposa
tout le système de l'accusation et celui de la défense, et
après une courte délibération, l'acquittement des deux prévenus fut prononcé.

La voix de M. le président arrêta les manifestations qui
allaient éclater dans l'auditoire; mais, étant sorti, la foule
m'entoura et un grand nombre d'amis et connaissances
m'adressèrent, ainsi qu'à mon défenseur, les plus vives féli-
citations.

On a raison de dire que le ciel protége quelquefois l'innocent opprimé :

> Ne perdez point l'espoir, innocents qu'on opprime,
> Des favorables dieux le secours vous est dû ;
> Contre les attentats du crime,
> Le ciel protége la vertu.

XI

Une longue pause

(Intermédiaire de 1865 à 1874).

Sans vouloir faire de commentaire au sujet de ces deux
derniers procès, je ne puis m'empêcher de faire remarquer
leurs dénouements différents :

A Muret, faute de témoins à charge, poursuivi par le
ministère public, à la suite de plaintes portées par les médecins, avec mon diplôme parfaitement en règle, je fus con-

damné, en vertu de l'article 405, pour exercice illégal de la médecine et de la chirurgie, et cela parce que j'avais opéré des guérisons par le secours du somnambulisme.

A Toulouse encore, faute de témoins à charge, poursuivi également par le ministère public, à la suite de plaintes portées par des médecins, il s'est passé tout le contraire. Les juges ont reconnu que j'avais parfaitement le droit d'exercer la médecine avec le secours du somnambulisme.

Concluez maintenant sur les arrêts de ces deux jugements tout à fait contradictoires ? J'ai conclu, pour ma part, depuis longtemps!

Quoi qu'il en soit, me voilà donc à la suite de mon quatrième procès, à l'abri des poursuites pour exercice de la médecine magnétique et somnambulique. Enfin, justice m'était rendue, et, sans prétention, je continuai mon œuvre, celle que j'exerce avec beaucoup de succès depuis déjà longtemps, sans songer à mal, sans le moindre souci, me préoccupant davantage des autres que de moi-même.

Je travaillais avec persévérance pour recueillir des notes sur le magnétisme et le somnambulisme ; j'observais tous les jours les faits curieux et intéressants qui se reproduisaient et que je consignais pour le profit de ceux qui s'occupent également de cette admirable science. Croyez bien que je ne suis pas le seul magnétiseur existant, soit à Toulouse, soit ailleurs ; sans exagération, il y a au moins autant de magnétiseurs que de médecins. Je ne connais le nombre exact ni des uns ni des autres, mais je crois que si l'on cherchait à l'établir, les magnétiseurs seraient les plus nombreux.

Enfin, au bout de quelque temps, étant parvenu à grouper un grand nombre de faits extraordinaires, d'observations et d'attestations de guérisons les plus authentiques opérées par le magnétisme et la médecine somnambulique, je les livrais au public dans un but d'utilité générale. Je ne vendais pas ma brochure, je la donnais ; et si j'ai fait cette propagande en faveur du magnétisme, c'est que je suis persuadé que cette science peut rendre d'immenses services.

Tout le monde d'ailleurs fait instinctivement du magnétisme. Une simple remarque va tout de suite vous le prouver. Y a-t-il quelqu'un qui, après avoir reçu une simple contusion, n'importe dans quel endroit du corps, n'y porte pas immédiatement sa main pour se frictionner, jusqu'à ce que la douleur soit apaisée ou entièrement disparue? Généralement, tout le monde, n'est-ce pas? excepté les manchots.

Seulement, ceux qui n'ont aucune notion du magnétisme ne se rendent pas compte de cette particularité; ils ne font qu'obéir à un instinct : cela les soulage et ils le font.

Ne croyez pas que ce soit toujours à la suite d'une *contusion* qu'un individu agira instinctivement en pratiquant le massage, les frictions ou l'insufflation : ce sera aussi pour toutes sortes de douleurs en général. Voyez pour le mal de *tête?* Voyez encore pour la *colique,* pour les maux de *ventre* et de *l'estomac;* pour les *crampes,* dans les *névralgies,* etc.; enfin, presque pour toutes les douleurs, n'importe à quelle nature qu'elles appartiennent? La main est toujours là, comme une sentinelle qui garde notre corps, pour repousser, pour arracher, pour ainsi dire, le mal qui nous frappe.

Seulement, comme en toutes choses, il y a des mains plus ou moins intelligentes : ainsi, par exemple, celui qui se frictionne sans se rendre compte de ce qu'il fait, n'obtiendra pas, j'en suis persuadé. le même résultat que celui qui aura des connaissances sur le magnétisme.

Toutes les frictions, en général. font du bien. même celles qui sont faites inconsciemment, et je vais vous dire pourquoi : Je suppose qu'un individu reçoive un coup plus ou moins violent sur une partie quelconque du corps. sur un bras, ou sur une cuisse..... eh bien! que se passe-t-il ? L'objet contondant qui frappe nos tissus (ici je ne parlerai que des simples *contusions,* pour me faire mieux comprendre), le *choc,* comprimera plus ou moins fort les vaisseaux capillaires, veines et artères, canaux, etc., qui se trouvent en face, et ils seront comprimés, aplatis, oblitérés, et peut-être plus ou moins divisés par l'action vulnérante qu'ils recevront; immédiatement un arrêt plus ou moins grave de la circulation aura lieu dans cette partie et les vaisseaux qui seront oblitérés s'engorgeront instantanément sous l'action du sang qui arrive d'une manière incessante. La dilatation forcée de ces canaux occasionne précisément une grande douleur, toute mécanique si vous voulez ; puis l'action vulnérante, par elle-même, ajoutée à la dilatation, la souffrance se trouvera par ce moyen doublée.

Maintenant, voici pourquoi les frictions soulagent si promptement : C'est qu'en pressant et en frictionnant les vaisseaux on les redresse, on les dégorge, on les assouplit, on diminue leur volume, enfin on rétablit, par ce simple moyen, la circulation du sang et des humeurs. Les petits canaux n'étant plus obstrués, la douleur est calmée, et voilà le résultat de l'action *mécanique* produite par les *frictions*. Mais on peut produire par la friction une autre action en même temps, action que j'appellerai *physiologique*. Cette action s'opère au moyen du fluide magnétique qui agit en *narcotisant* la douleur (je me sers de cette expression pour me faire mieux comprendre). Puisqu'il est reconnu que le fluide magnétique *endort* une personne, il doit être par conséquent susceptible de produire aussi le calme, l'insensibilité, l'anesthésie plus ou moins forte d'un membre ou d'un endroit quelconque.

C'est pourquoi les frictions et le fluide magnétique agissent si bien, si promptement et si souverainement, non-seulement contre toutes sortes de contusions, mais encore contre toutes sortes de douleurs.

Quelque incomplète que soit l'explication que je viens de donner, on comprendra maintenant pourquoi on ordonne les simples *frictions* et pourquoi elles sont si salutaires.

Ici se présente une particularité que je dois signaler. Il ne faut pas croire, j'en ai fait souvent l'expérience, que la *friction* qui sera faite sur le siège d'une douleur, à l'aide d'un simple chiffon imbibé d'un liquide quelconque et dirigé par une main lourde, inconsciente, ait la même puissance d'action que la main sympathique d'un individu qui porte de l'intérêt ou qui affectionne le malade, car celui-ci agira magnétiquement par l'action et par la pensée ; voilà donc la véritable main qu'il faut pour soulager d'une manière prompte et efficace.

Voyez une mère, lorsqu'elle entend son enfant pleurer ou se plaindre sous la douleur, comme elle l'apaise vite en agissant sur lui, soit par la pression, par les frictions ou par l'insufflation, soit enfin par d'autres soins affectueux !

Si je suis entré dans tous ces petits détails, c'est pour bien faire comprendre les ressources infinies qu'offre l'application du magnétisme.

On pourrait poser comme axiome : qu'il est toujours possible de soulager et bien souvent de guérir toutes sortes de douleurs — dans les maladies graves elles-mêmes, le magnétiseur ne peut faire que du bien et jamais du mal — par la triple action de la volonté, du geste et de l'insufflation.

Je publiai donc cette brochure, ayant trait à la médecine magnétique et somnambulique, et dans laquelle étaient relatées les guérisons surprenantes que j'avais obtenues par le magnétisme et au moyen d'opérations chirurgicales pratiquées sur des personnes rendues insensibles par le magnétisme. Ces procès-verbaux de guérison étaient suivis d'un grand nombre d'observations et attestations de guérisons, de faits et de recherches les plus extraordinaires. Je fis tirer successivement trois éditions de cet opuscule, dont la vogue devait être connue du ministère public lui-même, puisqu'il dit au tribunal qu'elle se vendait comme du poivre et que c'était pour moi une grande réclame. Cela, dans sa bouche, avait l'air d'un blâme à mon adresse. Il me semble cependant qu'il est licite de publier le fruit de ses recherches, lorsque surtout elles sont plutôt utiles que nuisibles. Mais qui ne sait pas que celui qui a l'amour du travail, de la science et du progrès ne tarde pas à éprouver des revers, amenés par ceux qui, de tout temps, ont cherché à étouffer les lumières!

Ainsi Galien, pour avoir la faculté de pouvoir étudier la charpente du squelette, fut obligé de profiter d'une nuit obscure pour aller voler les os d'un pendu. Ce n'était, bien entendu, que dans un but de progrès scientifique.

Heureusement pour lui, ce rapt d'os ne fut pas découvert à temps, car s'il en avait été autrement, il est probable que le pauvre Galien eut été mis à la place du squelette dérobé.

André Vesale, qui voulut s'aviser d'étudier l'anatomie un peu prématurément, et, en ce temps-là, disséquer un homme mort était un sacrilége dont on devait compte à l'Inquisition, André Vésale, dis-je, fut accusé tout bonnement d'avoir disséqué un gentilhomme vivant, et, pour éviter une mort ignominieuse et terrible, il fut obligé de s'expatrier, pour aller finir ses jours, comme Christophe Colomb et bien d'autres, dans l'indigence.

Telle est la récompense de ceux qui, de tout temps, ont tout sacrifié au progrès.

Quelque temps après, je fis paraître huit ou dix autres brochures des plus intéressantes et traitant différents sujets. (Les titres de ces divers ouvrages figurent au frontispice de la présente brochure).

Tous les ouvrages que j'ai publiés sur la médecine ont trait à divers systèmes de traitement pour toutes sortes de maladies, sans qu'il soit besoin de recourir au médecin et peu souvent au pharmacien.

En même temps que j'écrivais ces nombreuses pages, je faisais de nombreuses découvertes chimiques et pharmaceutiques, dont l'application m'a valu, de la part des personnes les plus marquantes, des éloges que j'aime toujours à me rappeler.

Que l'on me permette d'indiquer ici rapidement les précieuses propriétés de quelques uns de ces remèdes ou engins consacrés par le succès.

CEINTURE GALVANO-MAGNÉTIQUE

La ceinture GALVANO-MAGNÉTIQUE, pour le traitement des *affections nerveuses,* est un appareil des plus commodes, très simple, et son usage des plus faciles, puisqu'elle s'applique sur la peau autour des reins ; elle est en même temps d'une efficacité très remarquable, par exemple : dans les maladies du système nerveux, les névralgies, crampes, rhumatismes, spasmes, convulsions, dyspepsies, coliques, hystérie, hypocondrie, délire, la faiblesse nerveuse qui entraîne souvent la paralysie, etc.

Cette ceinture n'est autre chose qu'une bande de flanelle qui renferme dans son intérieur des fils de cuivre et de fer galvanisés, disposés transversalement et longitudinalement dans l'axe de la ceinture. Ainsi construite et puis fortement magnétisée, cette ceinture est un appareil électrique des plus doux, maniable, portatif, d'une forme très commode et d'un usage des plus faciles, en ce sens qu'une fois mise sur la peau autour des reins, on n'a plus besoin de la retirer, de six mois si l'on veut.

Dans le cas où il y aurait quelques personnes qui ne pourraient pas bien s'expliquer de quelle manière s'opère l'action de cette ceinture, je vais en donner ici tout le secret.

Disons tout d'abord que pour faire fonctionner un appareil électrique, il faut, comme principaux ingrédients, de l'*acide* et de l'*eau salée.* Or, notre corps renferme précisément ces deux véhicules. Ainsi, l'effet de la transpiration, pour si faible qu'il soit, en fournit les éléments. La sueur par elle-même étant *acide* et *salée* en même temps, sa seule composition donne, par l'intermédiaire de notre corps, les ingrédients chimiques qu'il faut pour que le courant *galvano-magnétique* se dégage. Comme on le voit, ce simple phénomène existe tout naturellement sur nous et chez tous.

Ainsi, ce modeste appareil de médecine, enfanté par la science et confectionné d'après les indications de mes somnambules, a le double avantage d'être une grande puissance médicatrice, en même temps qu'elle est à la portée de toutes les bourses.

Tel est cet appareil qui, malgré son extérieur modeste, son mince volume, son nom sans prétention, m'a souvent aidé à favoriser la guérison de bien des maladies fort graves et réputées même incurables.

La *ceinture galvano-magnétique agit presque sans que le malade en ait conscience;* il n'éprouve par moments que de simples fourmillements, mais qui ne font jamais souffrir. Ce n'est que par le retour à l'état normal des fonctions altérées que l'on s'aperçoit de la puissance de la médication.

L'action se porte sur les nerfs, en leur donnant progressivement de la force et de la souplesse, et sur le sang, en régularisant la circulation et en lui donnant de la vigueur.

ELIXIR VULNÉRAIRE

POUR LES SOINS JOURNALIERS DE LA TOILETTE DE LA BOUCHE

Tout le monde devrait comprendre que les soins hygiéniques donnés à la bouche sont une chose de première importance. Le bon ou le mauvais état de cet organe précieux exerce sur toute notre économie une si considérable influence, que l'on est amené à le considérer comme étant le plus essentiel à l'existence. N'est-ce pas, en effet, l'action de la bouche qui donne à cette machine enchantée, que nous nommons l'appareil digestif, le mouvement, la vie?

Et comment alors ne pas porter toute son attention à
l'embouchure de ce fleuve divin, d'où partent tous les éléments qui concourent à faire jaillir la source de la vie ?
Pourquoi alors ne pas s'attacher à préserver d'altérations,
à tenir simplement même en état de propreté cette admirable ouverture ?

Mais pour cela, il n'est pas indifférent de se servir de telle
ou telle substance. Ce n'est qu'après de longues expériences que je suis arrivé à produire une substance dont je
garantis les bons effets dans l'entretien de la bouche.

Par l'emploi de mon *Elixir vulnéraire*, on peut guérir
toutes sortes de maladies de la bouche, sauf le cancer, mais
il en apaise considérablement les douleurs. Ainsi, la *stomatite*, le *muguet* chez les enfants, les *aphthes*, la *stomatite
mercurielle*, le *scorbut*, les *ulcères*, les *plaies*, etc., etc., sont
promptement guéris. Avec lui, on peut éviter de grandes
souffrances, ainsi que le ramollissement des gencives, la
chute des dents et la gastralgie qui en est la conséquence.

Il est composé uniquement de plantes astringentes, forti-
fiantes, calmantes, odorantes ; il retire l'acidité de la salive,
il reconsolide les dents branlantes en raffermissant les gencives, purifie l'haleine, enlève l'odeur laissée par le cigare, etc.;
il préserve de la carie, et, si elle existe déjà, il en arrête
immédiatement les progrès en détruisant les *leptothrix buccalis*, etc., etc.

Sa *composition* et son *mode d'emploi* sont indiqués d'une
manière complète dans l'ouvrage *traitant de l'hygiène et des
maladies de la bouche.*

LAXATIF DE SANTÉ

Ce qui m'a amené à préparer ce remède, c'est de voir la
difficulté et la grande répugnance que la généralité des
personnes éprouvent à prendre un purgatif, et particulière-

ment les enfants et les dames. Il est vrai de dire aussi que presque tous les purgatifs en usage ont un goût très désagréable, ce qui fait dire, à certaines personnes d'un estomac délicat, qu'elles préféreraient mourir plutôt que d'avaler une purge.

Cependant, les règles de l'hygiène en commandent l'usage et certaines maladies l'exigent. Comment faire, dans ce cas, lorsque la vie est en danger? Comme c'est toujours le goût du malade qui gouverne, et qu'il n'est pas toujours facile de conjurer le danger, car souvent il n'y a pas à attendre ni à hésiter lorsque la maladie marche à pas de géant vers une terminaison fatale, j'ai donc recherché un purgatif que tout le monde puisse prendre sans la moindre répugnance. Pour arriver à ce résultat, il fallait réunir trois choses : trouver un remède très peu volumineux, souverain et en même temps très agréable au goût. Voilà le problème que j'ai eu le bonheur de résoudre.

Aussi, mon *laxatif de santé*, exclusivement composé de poudres végétales, bienfaisantes, est non-seulement le plus sûr et le plus doux, le plus rafraîchissant et le plus commode à prendre de tous les purgatifs, mais c'est aussi un excellent remède agissant comme *curatif* et en même temps comme *préservatif*.

De nombreux dépôts de ce spécifique sont établis depuis longtemps dans les principales pharmacies; chaque flacon est recouvert d'un prospectus explicatif, contenant de plus amples détails.

LIQUIDAMBAR

Ce remède est presque exclusivement destiné à guérir, d'une manière prompte et radicale, les maladies qui affectent de préférence la jeunesse et qui existent, surtout aujourd'hui, en nombre considérable dans les grands centres de population. Je ne parlerai pas ici de cette précieuse liqueur,

qui a l'avantage de guérir les maladies secrètes les plus in-
vétérées; le lecteur en trouvera la description complète dans
ma brochure, intitulée : Guérison de la gonorrhée et de
la leucorrhée *aiguës et chroniques chez l'homme et chez*
la femme.

Ce médicament se trouve en dépôt dans les pharmacies,
et chaque flacon est entouré d'une notice explicative pour
guider le malade dans son traitement, qui a l'avantage de
guérir dans quinze jours.

J'arrête ici cette nomenclature, déjà longue, des différents
remèdes que je préconise. Qu'il me soit seulement permis de
dire, en terminant cette revue rapide, que l'on vante souvent
des médicaments d'une efficacité négative et auxquels néanmoins beaucoup de personnes n'hésitent pas à confier leur
santé, même leur vie.

Les remèdes dont je viens de parler ont fait leurs preuves
et sont d'une incontestable supériorité. Plusieurs années de
succès en ont établi l'efficacité.

Je me permets de les recommander à mes lecteurs dans
l'intérêt de leur santé.

Et voilà tout le mal que je fais lecteurs. Passer tout mon
temps à l'étude, sacrifier mes loisirs aux recherches arides,
vouer ma vie au service de l'humanité pour consoler, soulager, guérir, et, comme conséquence, la flétrissure et la prison !

N'importe, je ne m'arrêterai pas sur le chemin des
découvertes, je ne doute pas de l'avenir. A l'âge de cent ans,
j'ai l'espoir de dire encore à mes malades : voici un peu de
fluide magnétique pour vous; moi, j'en ai encore de reste !
Eh ! chers lecteurs, je dis ce que je crois être la vérité et ce
que je pense. En supposant que j'arrive à cent ans, je ne serai
arrivé qu'à moitié terme de la carrière qui est réservée à
notre existence (1), et si par hasard je m'illusionne, c'est là

(1 L'homme a des conditions de vie communes avec les animaux ; il ne se
distingue des mammifères que par le raisonnement et la parole, nobles attributs,

un mirage qui n'offre rien que d'agréable à l'esprit. En ce moment, je traite trois ou quatre clients qui ont atteint à peu près cet âge biblique, et on a pu même en remarquer un qui a été entendu en témoignage lors de mon dernier procès, et qui ferait capituler à la course le premier jeune homme venu. Donc, puisque mes clients atteignent cet âge,

qui peuvent modifier quelques-unes des conditions de la vie, mais qui n'en changent pas la durée, dans un sens abstrait et général.

Or, la vie des mammifères à sang chaud est soumise à une règle invariable. La durée de leur existence paraît être égale *à dix fois la durée de leur croissance* (1).

« Le chat est entièrement formé au bout d'un an; sa vie ne dépasse guère dix à douze années, mais elle atteint le plus souvent ce terme.

» Le chien croit d'un an à quinze mois; il vit de dix à quinze ans.

« Le taureau croit de deux à trois ans; il vit de vingt à trente (2).

« L'éléphant emploie vingt-cinq à trente ans avant d'atteindre son entier développement; il vit de deux cents cinquante à trois cents ans.

« La baleine, le plus grand des animaux marins, se développe pendant cent ans; elle vit mille ans.

» Les quadrumanes, qui, dans l'échelle des êtres, sont les plus rapprochés de nous, semblent aussi vivre dix fois le temps de leur croissance. Deux mammifères seulement font exception à cette loi générale : le cheval et l'homme.

« Le cheval a besoin, pour arriver à son entier développement, de trois à quatre ans; il ne vit guère que vingt à trente ans. Cependant, on voit, chez les chevaux, des exemples de longévité qui semblent confirmer la règle générale. M. de Buffon nous cite le cheval d'un évêque de Nancy, qui, à quarante-deux ans, jouissait encore d'une verte vieillesse. A la poste de Roquefort (département des Landes), un cheval de trente-deux ans faisait encore son service journalier en 1842, et on assure qu'un curé des environs possède un excellent bidet qui a dépassé la quarantaine. »

Mon cousin, M. Bénac, de Salies-sur-Garonne (Haute-Garonne) a gardé une jument à son service pendant trente ans; elle est morte de vieillesse à trente-trois ans, dans son écurie, faute de ne plus pouvoir manger (3).

On voit dans les parcs d'Angleterre des coursiers favoris auxquels leurs maîtres ont accordé les invalides et qui, après trente ans, foulent encore le gazon et répondent par des hennissements au départ de la chasse.

Mais ces exceptions sont rares, et, en général, le cheval n'arrive pas au terme naturel de ses jours. Après vingt ans de service, il est accablé de fatigue, hideux d'infirmités, et l'homme l'égorge pour profiter de sa dépouille.

(1) ESSAI SUR LA CONSERVATION DE LA VIE, par le vicomte de Lapasse, p. 70.

(2) La vie des hongres paraît être plus courte. — V. DICTIONNAIRE DE MÉDECINE, édition de 1825, t. XIII, p. 278.

(3) Souvenir de l'auteur.

pourquoi voulez-vous que moi qui les traite je n'aie pas cet espoir ?

Ce n'est certainement pas la crainte de la mort qui me fait tenir ce langage : je ne la crains pas, étant imbu de cette croyance que je ne dois jamais mourir, mais changer seulement d'existence, passer dans un séjour plus heureux, plus

Si donc il n'atteint que rarement le terme de sa vie naturelle, c'est parce que l'homme l'a associé à ses passions et le surcharge de travaux.

Mais l'homme lui-même ?

La durée de sa croissance varie entre quinze et vingt ans : il devrait donc vivre de cent cinquante à deux cents ans.

Comment se fait-il que les exemples de longévité les plus fameux dépassent rarement cent quarante ans, que les centenaires sont peu communs, qu'un octogénaire soit presque toujours privé de ses facultés les plus précieuses, et que l'on considère le vieillard de quatre-vingt-dix ans comme arrivé au terme de sa vie naturelle ?

Il faut aborder franchement la difficulté et avouer que les centenaires sont rares ; cependant, si l'on voulait, on pourrait multiplier les exemples de longévité, de manière à prouver que l'homme qui dépasse le siècle n'enfreint pas une loi de la nature.

Les auteurs de l'antiquité et du moyen-âge nous fourniraient de nombreux centenaires ; mais ces exemples ne sont pas d'une certitude absolue, à des époques où les registres de l'état civil n'étaient pas tenus avec une rigoureuse exactitude.

Bornons-nous donc à quelques modernes.

Les livres parlent d'un certain Parr, qui est mort âgé de cent cinquante-deux ans. On cite Henry Jenkins, qui a vécu cent soixante-neuf ans, et d'autres encore dont les noms m'échappent, car je cite de mémoire ; mais le cas le plus remarquable est celui dont on conserve le souvenir au musée royal de Dresde. On y voit les portraits d'un homme et d'une femme qui habitaient près de Tameswart (aujourd'hui Prusse). Le mari a vécu cent quatre-vingt-cinq ans, la femme cent soixante-douze.

Parmi les centenaires contemporains, je pourrais citer une vénérable pensionnaire de l'ambassade de France à Naples, Perrine Catheran, veuve Letellier, remarquable par la conservation de ses facultés physiques et intellectuelles. Son œil est vif et brillant ; son appétit excellent, car elle l'entretient par des promenades de deux à trois mille ; l'ouïe et l'odorat sont aussi intacts que la mémoire et le raisonnement.

Voici un autre exemple curieux :

Il existe près de Mion (Isère) un respectable vieillard qui a atteint sa cent quarantième année le 9 avril 1845. Il n'a eu en sa vie qu'une seule maladie de trois jours, occasionnée par le chagrin de la perte de sa femme, morte à cent dix sept ans. Pas une noce, pas un baptême où le bon père Lanoix n'ait

calme. A ceux qui croiront que ceci est encore une illusion, je souhaiterai d'en avoir une semblable et alors comme moi ils pourront voir venir la mort sans trembler :

> Oui, le vif sentiment de l'humaine misère
> Fait que je vois d'un œil jaloux
> Les esprits dégagés du poids de la matière.
> Que leur sort me paraît heureux !
> Un jour nouveau brille pour eux.

Pendant que je me livrais ainsi dans le calme et la paix

la place d'honneur : il est toujours là pour ouvrir la danse avec la femme la plus âgée (1).

Mais chose remarquable, c'est dans les pays chauds que nous trouvons les exemples les plus frappants de longévité. L'histoire de l'Inde contemporaine nous parle de ce vizir âgé de cent sept ans, qui commandait une armée indigène. Ses troupes plient devant la tactique anglaise ; il pousse alors son éléphant au milieu de la mêlée, et tombe atteint d'une balle en s'efforçant de rétablir le combat (2).

La commission scientifique, envoyée en 1838 en Abyssinie, a trouvé, aux îles d'Halac, un vieillard âgé de cent trente-un ans, dont le fils en avait atteint quatre-vingt-quinze et le petit-fils soixante-dix. La chaleur est extrême à cette entrée de la mer Rouge et les îles d'Halac sont privées d'arbres (3).

La Guyane passe pour malsaine ; cependant, nous trouvons, dans les *annales de Surinam*, de nombreux centenaires. Guillaume Pétrus meurt à cent trente-cinq ans, Blanca de Britto à cent quinze ans, Sara de Brie à cent cinq ans.

Encore un exemple choisi parmi les centenaires contemporains ; je l'emprunte aux journaux du 28 février 1851. Marie Benton, fille d'un père qui vécut cent cinquante ans, est née dans le comté de Durham, le 12 février 1731. Elle a commencé par garder des troupeaux. A l'heure présente 1860, elle jouit d'une bonne santé, se promène, vaque aux soins de son ménage, donne la nourriture à ses poules, lave son linge. Elle ne porte pas de lunettes. Comme on lui demandait un jour si elle avait parfois recours aux médecins, elle répondit :

Je n'en ai jamais fait quérir qu'une seule fois, et encore, j'en pris une telle frayeur, que je me sauvai par une porte, tandis qu'il entrait par l'autre (4).

Mais, nous le répétons, ces exemples sont des exceptions ; ils prouvent seulement la possibilité de vivre au-delà d'un siècle, mais, ils ne résolvent pas les conditions de longévité dans un sens absolu et général.

(1) GAZETTE DU LANGUEDOC, 18 avril 1845.
(2) Barchou de Penhoen, HISTOIRE DE L'INDE ANGLAISE.
(3) Comptes-rendus de l'Académie des sciences, t. XVIII, p. 732.
(4) Ces pages étaient écrites depuis plusieurs années, quand l'auteur a eu connaissance d'un petit ouvrage fort curieux, sur l'art de prolonger la vie, par M P. Lacroix. On y trouvera de nombreux exemples de longévité poussés à deux siècles et au-delà, et un tableau statistique de cinq cents centenaires classés par professions.

aux spéculations médicales qui prenaient mes jours et bien
souvent mes nuits. il y avait un homme : eh! que dis-je?
un homme! Diogène le cherchait en vain..... je me trompe, il
y avait un disciple du citoyen Picoulet qui avait braqué sur
moi son nez et son œil louche. Il était là comme l'animal qui
veut accrocher une proie, et vous savez ordinairement que
l'animal qui guette une proie ne la laisse pas échapper facilement; il use de toutes sortes de moyens pour arriver à la
croquer, soit par la ruse ou par la violence. Ainsi, tout le
monde connaît la fable du *Loup et l'Agneau;* vous savez
ce qui arriva. Hélas ! je succombai aux conséquences de la
loi du plus fort, et c'est cette nouvelle scène qui va faire
l'objet de mon cinquième procès.

XII

· Préliminaires des causes et des faits de mon cinquième procès.

Malgré toutes ces vicissitudes, je n'avais jamais interrompu l'exercice du magnétisme et de la médecine somnambuliques, et depuis mon acquittement je me croyais entièrement à l'abri de toute nouvelle poursuite; seulement, il
paraît que tout le monde ne pensait pas comme moi.

Je dois dire que, généralement, pour ne pas sortir de mon
mandat, je n'employais le somnambulisme que pour les
consultations médicales. Mme Clarisse Heuillet possède cette
rare faculté de la lucidité somnambulique pour la guérison
des maladies. Comme elle exerce dans ma maison depuis
quatorze ans, avec un dévouement extraordinaire et une
lucidité remarquables, spécialement réservés pour la médecine, je me garderais de l'employer pour des cas différents.
dans la crainte de compromettre sa lucidité.

Seulement, ayant découvert une autre sujet magnétique, Mme Almoudy (1), qui était propre aux expériences physiques en même temps qu'aux recherches de toute nature, et qui m'avait donné des gages suffisants de sa lucidité, je la magnétisai aussi quelquefois pour des faits en dehors de la médecine, mais toujours louables.

(1) En parlant de la somnambule Almoudy, je dirai qu'elle n'est autre que le célèbre sujet qui a été pendant plusieurs années, avec M. Lafontaine, ce magnétiseur distingué, qui a écrit des ouvrages sur le magnétisme et en même temps publié de nombreuses cures obtenues par lui, au moyen du magnétisme, chez les sourds-muets, dans les pensionnats de Toulouse, et plusieurs villes de France et à l'étranger.

M. Lafontaine s'est livré sur cette somnambule à des expériences physiques les plus extraordinaires. Ainsi, lorsqu'elle est fortement magnétisée, elle devient complétement insensible : on peut la piquer dans tout le corps avec des aiguilles (comme on en verra la preuve écrite plus loin), sans qu'elle ressente la moindre douleur. Elle a donné, avec ce magnétiseur, plusieurs séances dans des salons et même au théâtre, pour des expériences des plus curieuses de physique et de lucidité. Le genre de travail que cette somnambule faisait avec M. Lafontaine était ce qu'on appelle du vrai *magnétisme*, le magnétisme naturel, qui est bien différent de celui qu'exercent, pour attirer le public, certains prestidigitateurs acrobates, qui terminent quelquefois bêtement leur séance en disant qu'ils n'ont pas agi par le magnétisme, qu'il n'existe pas, etc., etc.

Parbleu ! ne l'ayant jamais étudié, pour eux il est inconnu : il n'existe pas. Ces individus ont fait de tout temps le plus grand tort au magnétisme et à ceux qui l'exercent loyalement ; mais je dirai aussi qu'une imitation, une jonglerie ne viendra jamais détruire une réalité. Il ne faut donc pas s'inquiéter de ces saltimbanques.

En Italie, cette lucide a servi de sujet d'étude à M. Matéucchi, le célèbre professeur de physique de la Faculté de Pise, et elle fut soumise à divers appareils électriques pour l'étude physiologique du système nerveux. Une fois, ayant été soumise à l'action du feu, elle fut brûlée (sa main en porte la marque) sans qu'elle en ressentit la moindre douleur. Elle a retiré de ses voyages les attestations les plus curieuses, et elle n'a eu partout que des mentions honorables. Depuis vingt ans quelle donnait des séances de magnétisme, en France et à l'étranger, personne n'avait jamais songé à lui susciter la moindre chicane : il a suffi qu'elle vienne seulement chez moi pour fournir à mes adversaires un prétexte de poursuites, et pour la faire paraître coupable.

Pourquoi alors autorise-t-on les séances publiques données par les somnambules et magnétiseurs ambulants ? J'en ai vu ici, à Toulouse, sur les allées Lafayette : il y en a partout ailleurs, dans toutes les villes, par toutes les foires.

Pourquoi permet-on le magnétisme dans les grandes réunions, dans les théâtres, à des individus qui, la plupart, ne l'emploient pas du tout, qui trompent le public ?

Pourquoi va-t-on punir une personne estimable et d'un rare mérite pour être

Ainsi, il m'est arrivé huit ou dix fois d'avoir fait retrouver, au moyen des somnambules, des personnes égarées, ayant quitté furtivement leur domicile, etc., et cela après que les parents avaient épuisé tous les moyens de recherches possibles pour les découvrir.

C'est ainsi qu'une de mes somnambules, il y a quelques années, découvrit, à la suite d'une consultation, une personne qui était partie de Toulouse, place des Carmes, et qu'on n'avait pu retrouver après onze jours de minutieuses re-

venue faire deux misérables consultations à deux personnes qui, elles-mêmes, sont allées la chercher chez elle, et qui n'ont point eu lieu de se plaindre du résultat?

Ce sont autant de choses que l'on ne peut s'expliquer que par le parti-pris de certaines jalousies, de vouloir, coûte que coûte, atteindre les personnes d'une intelligence ou d'un mérite supérieurs.

Voici, parmi un grand nombre de faits que je pourrais publier, une attestation en faveur de la somnambule susdésignée :

« Je soussigné, Jean Rigaud, pharmacien à Toulouse (département de la Haute-Garonne), déclare que, depuis quelques années, la pratique du magnétisme s'étant répandue partout, je désirais beaucoup voir une expérience pour m'enlever tous mes doutes à cet égard.

Un jour, comme je demandais à Mme Almoudy, somnambule, si on pouvait, au moyen du magnétisme, obtenir l'insensibilité complète, elle me répondit : « M. Surville a fait plusieurs fois avec moi cette expérience en présence de plusieurs personnes ; allez voir M. Surville, mon magnétiseur. »

Enfin, l'expérience que je demandais depuis longtemps se réalisa selon mes désirs.

Le 30 juin 1870, M. Surville magnétisa Mme Almoudy, domiciliée rue des Pénitents-Gris, 5. Après qu'il eut fait quelques passes, il me demanda quel était l'organe que je désirais qu'il rendît insensible. Je lui répondis : le bras gauche, ce qui fut fait.

Ensuite, j'ai enfoncé trois grosses aiguilles dans l'intérieur du bras de part en part, j'ai placé de l'ammoniaque (l'hyrogène azoté) sous le nez, ce qui n'a provoqué aucun effet. L'anesthésie de tout le corps était complète ; je le pinçais en divers endroits.

J'ai fait une foule d'expériences qui m'ont prouvé qu'elle était complétement insensible, et que, dans cet état là, on aurait pu pratiquer une opération chirurgicale sans lui faire éprouver la moindre souffrance.

Certifié véritable, à Toulouse, le 2 juillet 1870. »

         J. RIGAUD, pharmacien.

Vu pour légalisation de la signature de M. Rigaud, apposée ci-dessus.

   Toulouse, le 2 juillet 1870.

          Le maire, DOUMENG.

cherches. M. B..., le fils du fugitif, vint me supplier, en dernière ressource, de lui donner une consultation somnambulique. Il était si profondément désolé que je n'hésitais pas à envoyer chercher la somnambule pour faire l'expérience qu'il me demandait. La lucide nous indiqua point par point tout le trajet que l'individu avait parcouru depuis son domicile, et, arrivée au terme de sa course, elle poussa un grand cri d'effroi en disant : « Oh! mon Dieu...! Le voilà!... Il est mort!... »

Après avoir demandé à la somnambule quelques explications sur les lieux où se trouvait le fugitif et sur la cause de sa mort, elle nous répondit : « Ne cherchez aucun complice; lui seul, atteint d'une crise nerveuse, a voulu se laisser mourir par la privation de toute sorte de nourriture. Il est de l'autre côté de Lhers, à Balma, dans un champ de froment (près Toulouse).

Après cette réponse, le consultant se croyant suffisamment renseigné, demanda l'éveil de la somnambule et se retira : c'était vers neuf ou dix heures du soir.

Il partit le lendemain, à quatre heures du matin, accompagné de son médecin, pour le lieu indiqué. Mais comme Balma est une contrée d'une étendue assez considérable, leur recherche n'amena aucune découverte; et le même soir, M. B..., trop ému pour venir lui-même, envoya chez moi, à sa place, pour être plus complétement fixé, le docteur qui l'avait accompagné.

La somnambule étant de nouveau magnétisée, je permis à l'incrédule docteur d'adresser les demandes qu'il jugerait convenables. Alors le docteur dit :

« Madame, vous avez fait hier une consultation pour un de mes clients; mais vos indications n'ayant pas été précises, je vous prierai de vouloir me les donner suffisamment exactes pour que nous puissions nous rendre directement à l'endroit où nous pourrons trouver ce que nous cherchons. „

La somnambule, après avoir répondu à cette demande qui

était juste, me pria de lui donner une grande feuille de papier et un crayon pour tracer un plan, au moyen duquel le docteur pourrait se diriger sûrement.

Chaque coup de crayon de la lucide fut accompagné d'une explication détaillée. « Voici Lhers, disait-elle, voici la route impériale, voici un chemin de traverse; là se trouve une métairie devant laquelle il y a un grand champ de blé, qui n'est pas moissonné, mais il y a les moissonneurs qui ramassent la récolte...; eh bien! ajouta la somnambule, en s'adressant de nouveau au médecin, c'est à tel angle de ce champ, attenant à la métairie, que vous trouverez le cadavre. »

Le docteur, après qu'il eut pris connaissance du plan topographique que la somnambule avait dessiné, nous remercia et partit.

Le lendemain, le cadavre fut retrouvé à un angle dudit champ de blé, tel que la clairvoyante lucide l'avait annoncé au médecin, la veille, vers neuf heures du soir.

Au bout de cinq à six jours, le parent du défunt s'empressa de venir me témoigner toute sa reconnaissance, en me disant qu'il aurait été plus heureux s'il avait eu le bonheur de retrouver son père en vie, mais que néanmoins la somnambule ne pouvait pas mieux faire, et qu'elle avait deviné juste.

Longtemps après, je trouvai par hasard l'incrédule docteur, qui était venu demander des indications précises. Pensant que ses doutes n'existaient plus ou étaient du moins fortement ébranlés à la suite de cette expérience qui prouvait, d'une manière évidente, la lucidité de la somnambule, je lui dis : Eh bien! M. G..., comment avez-vous trouvé l'expérience somnambulique que nous fîmes à telle époque...? « Ah! ah! elle s'est trompée au moins d'un kilomètre dans la désignation de l'endroit demandé. »

Mais, répliquai-je, avez-vous bien observé le plan que le sujet vous avait tracé sur le papier? Vous auriez pu tout de

même confondre d'angle sans vouloir le faire. A cette simple observation, l'intolérant médecin fit une pirouette sur
ses jambes de flûte, et je n'étais pas revenu encore de la
surprise que me causa sa brusque volte-face, que je voyais
les pans de sa redingote flotter à quinze pas devant moi.

Je n'ai pas besoin d'insister sur la grossièreté de cet acte
inqualifiable de la part d'un confrère; ce monsieur, qui manquait de la politesse la plus élémentaire, avait pris là un
moyen de sauvage pour éviter l'explication que je demandais.

Je termine cette observation en disant que M. B... est revenu une autre fois depuis pour consulter la somnambule,
concernant un autre fait de recherche tout à fait différent
du premier, mais non moins intéressant, et dont le résultat
a été aussi des plus satisfaisants.

M. T..., de Saint-Ybars (Ariége), vint me trouver, il y
a quatre ans, afin d'arriver à découvrir où se trouvait sa
femme, qui avait quitté son domicile depuis neuf jours, à la
suite d'une crise nerveuse. « Ayant déjà fait, » me dit-il, « toutes sortes de recherches inutiles, je vous apporte un gage
pour consulter la somnambule. » Ce qui fut fait. La lucide,
au bout d'un instant, lui désigna sa femme à six kilomètres
de chez lui dans un grand bois. Ses habits étaient déchirés,
et elle se trouvait en proie à une violente crise nerveuse
qui lui affectait le moral; néanmoins, il pouvait être rassuré,
la crise touchait à sa fin, et la fugitive devait rentrer chez
elle dans deux jours, un peu souffrante, épuisée de fatigue
et ses robes entièrement en lambeaux.

La somnambule termina en disant : « Je vous conseille,
après sa rentrée, de la faire traiter, pour éviter le retour de
cette maladie. „

L'année suivante, le même consultant revint chez moi
pour me confirmer l'exactitude des faits indiqués par la
somnambule, en m'avouant que sa femme était de nouveau
repartie depuis quelques jours, et que, l'ayant cherchée en

vain, il me priait de vouloir interroger encore la somnambule pour avoir des renseignements.

Le sujet magnétique lui annonça, cette fois, que sa femme
s'était mise en route pour réintégrer le domicile, et qu'elle
serait rentrée plutôt que lui. Ce qui fut vrai.

Enfin, le même M. T... est venu trois fois me trouver,
toujours pour le même motif, et chaque fois, il a été on ne
peut mieux renseigné.

Un peu plus tard, lui-même étant malade, il revint auprès
de moi pour consulter la somnambule, concernant sa maladie.

Alors cet homme me raconta qu'il avait éprouvé de la
part de sa femme une nouvelle contrariété: qu'elle avait été
le dénoncer chez le procureur impérial, en déclarant que
son mari la maltraitait et qu'il lui avait fait avaler du poi-
son. A la suite de cette plainte, une enquête eut lieu, et le
mari innocent fut obligé de passer en police correctionnelle.

Heureusement, le jour de l'audience la plaignante se
trouvait un peu en état de crise et de surexcitation nerveuse,
de telle sorte que les diverses réponses relatives à son interrogatoire prouvèrent au tribunal qu'il avait affaire à une
maniaque.

Après la plaidoirie de son avocat, le mari fut relaxé.

Un nommé M. R..., de Toulouse, vint me trouver, il y a
deux ans, pour découvrir où était sa mère, qui avait disparu
de son domicile depuis six jours. Ayant déjà fait toutes les
démarches que demande un pareil cas, et ces démarches
n'ayant abouti à aucune découverte, il résolut, en dernière
ressource, de venir consulter ma somnambule, dans l'espoir
d'être plus heureux.

La lucide étant magnétisée, et ayant entre ses mains un
gage appartenant à la femme disparue, prit la parole en ces
termes:

« Je vois votre mère, qui, ayant été contrariée, se retire
dans son pays natal (près de Montréjeau). Dans la crainte
de se tromper de chemin, pour être plus sûre d'arriver à

son but, elle remonte tout le long de la Garonne ; mais les nombreux contours qu'elle a été obligée de faire l'ont retardée considérablement.

Néanmoins, elle arrive à sa destination ; elle se trouve bien fatiguée, mais elle n'est pas malade. Rendez-vous immédiatement à son pays et vous la retrouverez. »

Quelques jours plus tard, comme il avait été convenu, j'ai reçu de la part de M. R... la confirmation des faits annoncés par la lucide.

Un M. S..., de Martres-Tolosane, qui était parti dans les Amériques, depuis sept ans, avait toujours donné, sauf pendant cette dernière année, régulièrement de ses nouvelles. Sa femme trouvant ce long silence très inquiétant, et ayant découvert mon adresse, se présenta chez moi pour consulter la somnambule, afin de savoir si son mari était mort ou vivant.

Le sujet magnétique, après des recherches longues et pénibles, parvint à lui désigner son mari, en disant qu'il n'était plus en Amérique, mais bien dans un navire en voie de retour, vivant et bien portant, et prêt à lui ménager une surprise.

La somnambule, en terminant, dit à cette dame : « Votre mari sera chez vous dans huit jours ; vous pouvez l'attendre, il vous portera la consolation, et par-dessus le marché une jolie fortune. Soyez rassurée, madame, soyez donc tranquille !

Un mois n'était pas encore écoulé que la dame, le mari et quelques-uns de leurs enfants vinrent me retrouver pour m'annoncer la réalité des faits énoncés dans la consultation.

Une dame de l'Aveyron vint me témoigner un jour le désir d'interroger la somnambule sur un objet qu'elle tenait dans sa main et renfermé dans du papier (c'était un morceau de terre). J'accédais à sa demande. La lucide, après avoir été mise en rapport avec l'objet en question, dit à la dame :

« Vous avez dans votre propriété une mine de houille : creusez dans telle direction, à tant de mètres de profondeur, et vous la trouverez. »

La dame, ayant suivi le conseil de la somnambule, réussit à trouver la surface de la mine.

Au bout de trois mois, elle revint accompagnée d'un jeune monsieur, pour faire une deuxième consultation.

La dame mit entre les mains de la somnambule un morceau de houille, en la priant de lui donner de nouveaux renseignements. La lucide répondit : « Vous désirez cette fois connaître la direction la plus riche du filon. »

« Oui, » répondit la dame, « c'est justement ce que je désire connaître. »

Au même moment, le monsieur ouvrit une grande carte, qui n'était autre que le plan topographique de l'endroit où se trouvait la mine.

La somnambule, s'adressant toujours à la dame, continua : « Vous partirez de l'endroit où vous avez commencé de creuser, et vous irez en droite ligne vers une petite rivière qu'il y a un peu plus loin : voilà la véritable direction du filon le plus abondant. »

Le monsieur qui tenait la carte devant lui pour se rendre compte, et qui n'était autre que l'ingénieur, répliqua, en disant : « Les renseignements que nous donne la somnambule ne sont pas en rapport avec la science, mais, néanmoins, nous suivrons ses conseils. »

La séance fut ainsi cloturée. »

C'est l'année dernière que j'ai donné cette séance, et depuis je n'ai plus eu des nouvelles des consultants ; mais du moment qu'ils ne sont plus revenus, je suis fondé à croire que les indications données étaient exactes.

Les quelques faits que je viens d'énoncer ci-dessus, je les rapporte de mémoire, n'ayant pas eu le loisir de demander aux personnes intéressées un certificat en bonne et due forme ; je ne puis les reproduire avec un plus grand caractère d'authenticité.

Je dirai, dans tous les cas, que ce sont des faits d'observations et de recherches déjà connus d'un très grand nombre de personnes, et qu'il ne me serait pas du tout difficile de faire la preuve irrécusable de tout ce que j'avance.

Voici, par exemple, pour répondre à toutes les incrédulités, quelques attestations prises au hasard, entre mille, et qui établissent d'une manière souveraine, péremptoire, la puissance infinie du magnétisme et de la médecine somnambuliques.

OBSERVATION

DE GUÉRISON OBTENUE PAR LE MAGNÉTISME ET LA MÉDECINE SOMNAMBULIQUES

Le nommé Joseph Bonny, âgé de 28 ans, forgeron, domicilié à Gratens, canton du Fousseret (Haute-Garonne), s'est présenté chez moi, au mois de mars 1858, pour consulter la somnambule. Ce malade était doué d'un tempérament sanguin et d'une forte constitution. Il était atteint, depuis treize ans, d'une affection goutteuse qui l'empêchait, malgré sa grande volonté, de se livrer à aucune espèce de travail. Cette maladie suivait tout son corps, mais le point de départ était toujours les petites articulations, les orteils, les malléoles, les doigts des mains, les poignets, la colonne vertébrale, les épaules et les coudes. Cette affection allait quelquefois jusqu'aux grandes articulations des genoux et des hanches ; mais ces douleurs devenaient d'une épouvantable intensité lorsque cette affection si redoutable allait se localiser dans les mâchoires, dans le cœur, dans le cerveau, dans les yeux surtout. Plus de cent fois toute sa famille a été plongée dans la plus grande anxiété et a craint pour les jours du malade.

Il restait souvent couché pendant douze ou quinze jours sans pouvoir changer de place ; d'autres fois, il éprouvait du délire, des palpitations de cœur, des suffocations, des oppressions comme s'il allait rendre le dernier soupir, ou, encore, les yeux devenaient le siége d'une douleur intolérable, comme si on les lui avait percés avec une vrille ; ils devenaient enflammés, rouges comme du sang, se gonflaient et souvent se fermaient pendant quinze jours comme s'il en avait perdu complétement l'usage.

En présence d'une maladie aussi grave, on comprend qu'il n'eût rien négligé pour s'en débarrasser. Il avait consulté, non-seulement les meilleurs médecins du pays, mais encore il était venu à Toulouse pour se faire traiter ; il s'était rendu aux eaux minérales à plusieurs reprises, et tout ce qu'il avait fait pendant l'espace de treize ans, à l'effet de se soulager, avait été inutile.

Son découragement était complet, et il se disait souvent : « Le remède qui doit me guérir n'est pas encore découvert. »

Il se trompait, cependant, car le remède était découvert, mais il ne l'avait jamais mis en pratique.

Lorsqu'il apprit qu'il y avait dans le pays un nouveau guérisseur d'un genre tout à fait particulier, il s'empressa d'aller le consulter sur sa maladie chronique et réputée incurable. Ce nouveau et bien modeste guérisseur sans diplôme était celui qui aujourd'hui a l'honneur d'écrire la présente observation.

M. Bonny se rendit donc chez moi, au mois de mars 1858, pour consulter la somnambule Elisa Surville. Lorsque le sujet lucide fut magnétisé et mis en rapport avec le malade, il nous dit que cette maladie serait un peu longue à guérir, mais qu'il voyait un traitement qui le soulagerait de suite, et qu'insensiblement l'affection disparaîtrait pour toujours.

Le traitement que la somnambule prescrivit et qui dura vingt jours consistait en purgatifs, en tisanes diurétiques, rafraîchissantes et dépuratives ; elle ordonna de plus quelques séances de magnétisme et une forte ceinture GALVANO-MAGNÉTIQUE à porter sur la peau pendant tout le temps du traitement, afin de donner plus de force à sa constitution.

Le malade exécuta religieusement l'ordonnance.

Au bout de quelques séances magnétiques, il se passa un fait assez particulier que je crois utile de signaler. Lorsque j'avais magnétisé le malade pendant dix minutes environ et que son corps se trouvait saturé de fluide, il me disait qu'il ressentait sur tout le corps une transpiration abondante, et que cette transpiration dégageait une forte odeur de soufre, lequel soufre son corps avait absorbé pendant la dernière saison thermale passée à Luchon.

Cette particularité un peu étrange, produite par le fluide magnétique, se reproduisit sept ou huit fois de suite à des jours différents. A cette époque de début, j'étais trop jeune encore et trop novice pour chercher à me rendre compte d'un pareil phénomène.

Je me contentai de continuer la séance pendant le temps désigné, en n'ayant d'autres préoccupations que l'intention bien sincère de faire du bien.

La magnétisation fut continuée pendant trois semaines avec succès; le malade se trouvait mieux après chaque séance, ses souffrances disparaissaient d'une manière sensible; je lui faisais prendre tous les jours régulièrement deux verres d'eau magnétisée.

Le traitement interne et externe prescrit par la somnambule fut continué pendant huit mois, au bout desquels le malade m'avoua être entièrement guéri. Il reprit son travail de forgeron, et, à partir de ce moment, non-seulement il faisait marcher son atelier, mais encore il se rendait trois fois par semaine à une demi-heure de chez lui pour conduire une autre forge à laquelle il travaille encore aujourd'hui, douze ans après sa guérison.

Toulouse, le 4 juin 1870.

OBSERVATION

DE GUÉRISON OBTENUE PAR LA MÉDECINE SOMNAMBULIQUE

La nommée J. Souquet, de Carbonne (Haute-Garonne), était atteinte, depuis environ un an, d'une forte douleur au côté droit de la poitrine qui l'empêchait de respirer librement ; la marche et les fatigues exaspéraient cette douleur. Le diagnostic de cette affection indiquait une pleurodynie chronique.

Après avoir consulté plusieurs médecins et essayé divers traitements sans résultat, cette dame vint auprès de moi pour consulter la somnambule.

C'était au mois de juin 1854.

Je demandai à cette dame si elle n'avait jamais été magnétisée ; elle me répondit : « Une fois on a voulu me magnétiser, mais je n'ai pas dormi. » Si vous voulez, lui dis-je, je vous magnétiserai, et si je puis parvenir à vous endormir, la douleur pourrait disparaître dans très peu de temps. Mme Souquet accepta. Après quelques passes (dix minutes environ), elle s'endormit. Interrogée, elle répondit à toutes les questions ; elle était réellement somnambule. Je lui dis : Madame, pourriez-vous marcher par ma volonté ? « Oui. » Suivez-moi donc, lui dis-je.

Elle marchait à côté de moi. Je la conduisis dans une autre chambre, et la fis asseoir sur un fauteuil, devant une table où j'avais du papier et de l'encre. Je l'interrogeai alors sur l'origine de sa maladie, elle me répondit d'une manière catégorique ; puis je lui dis de porter toute son attention sur la douleur, en ajoutant que puisqu'elle voyait si bien son mal il lui serait également facile de prescrire un traitement qui amènerait sa guérison. Elle me répondit : « Je le vois. » Eh bien ! lui dis-je, parlez, je vais écrire votre ordonnance. « Oui, ajouta-t-elle, si je fais exactement ce que je vois, dans quinze jours je serai guérie. »

Elle prescrivit alors huit sangsues sur le siége de la douleur, puis, pendant cinq jours de suite, l'application, sur la partie affectée, d'un cataplasme de verveine sauvage bien hàchée, en ayant soin de le renouveler deux fois par jour. Elle prescrivit également une tisane avec des plantes dont les noms m'échappent ; elle devait en prendre trois ou quatre prises par jour durant une quinzaine.

Après avoir éveillé cette dame, je lui remis son ordonnance, en lui disant : Voilà, madame, les prescriptions que la somnambule vous couseille de suivre (je voulais lui laisser ignorer que c'était elle qui avait indiqué le traitement) ; si vous le suivez exactement, ajoutai-je, dans quinze jours vous serez guérie. La malade me dit . » Je veux bien faire le traitement, mais ce qui me fait le plus de peine, c'est l'application des sangsues ; si ce n'était pas votre somnambule qui me les a ordonnées, je m'en dispenserais bien. »

Quoi qu'il en soit, la malade se retira contente et avec l'espoir d'une guérison prochaine. Elle suivit religieusement ses propres prescriptions, et, au bout de quinze jours, elle fut guérie radicalement, comme elle l'avait prédit.

Après quoi, fidèle à sa promesse, elle ne manqua pas de venir m'annoncer sa guérison. Je lui dis alors : Vous ne savez pas, madame, qui vous a guérie ? « Votre somnambule, sans doute, » me dit-elle. Non, lui dis-je, c'est vous-même. Elle en fut surprise, mais aussi très heureuse.

Je lui dis : J'aurais besoin de vous magnétiser de nouveau, madame, pour savoir si votre guérison est bien radicale Ce qui fut dit fut fait. Elle m'annonça, pendant son sommeil magnétique, qu'elle était guérie définitivement et qu'elle n'avait pas besoin de faire autre chose. Depuis cette époque, son mal n'a plus reparu.

Toulouse, le 17 août 1865.

OBSERVATION

DE GUÉRISON OBTENUE A L'AIDE DE LA MÉDECINE SOMNAMBULIQUE

Le nommé Sesquière fils, âgé de 8 ans, domicilié à Toulouse, quartier de Terre-Cabade, était atteint, en 1860, d'une hydropisie qui datait déjà depuis plus d'un an. Aucun moyen n'avait pu enrayer la marche de cette maladie. Le père avait consulté plusieurs médecins qui lui conseillaient tous de laisser opérer son fils le plus tôt possible pour donner issue au liquide renfermé dans la cavité abdominale. On pouvait évaluer à peu près la quantité de liquide à sept ou huit litres.

Le père, un jour, fit appeler un médecin de la ville très compétent et très recommandable pour le faire opérer. Le médecin déclara l'opération nécessaire et urgente, et demanda comme salaire une somme de soixante francs. Mais comme le père Sesquière, dans ce moment, n'était pas en possession de cette somme, il dit au docteur : « Je ne possède que quarante francs, et je ne puis vous en donner davantage. » Ce docteur répondit : « Je ferai l'opération plus tard, quand vous aurez la somme entière, » et il se retira. Peu de jours après, une connaissance de M. Sesquière, qui était aussi la mienne, après avoir eu des détails sur ce fait, lui dit : « Il faut traiter ton fils comme je me fais traiter moi-même quand je suis malade. Nous allons faire venir M. Surville, qui consultera sa somnambule sur la maladie de ton fils. » M. Sesquière dit : « Je veux bien. » Je me rendis à son invitation, et la consultation eut lieu telle qu'il la désirait.

Le 17 janvier 1860, le malade fut consulté par la somnambule Élisa Surville, et le traitement strictement suivi par le malade amena une guérison pleine et entière dans l'espace de deux mois et demi, par le seul usage d'un traitement médical, c'est-à-dire sans avoir besoin de recourir à la ponction, qui n'aurait amené peut-être qu'un soulagement factice et momentané, tandis qu'aujourd'hui, jeune homme fait, il se porte à merveille.

Toulouse, le 20 mai 1870.

8

MAIRIE DE BOIS-DE-LA-PIERRE.

Devant nous, maire de la commune de Bois-de-la-Pierre, canton de Carbonne, arrondissement de Muret, département de la Haute-Garonne, s'est présenté Louis Castella, maître-valet, domicilié dans cette commune, lequel nous a déclaré qu'ayant perdu la vue, il avait consulté son médecin et suivi divers traitements, mais sans succès, et que, dans cette circonstance, il avait eu recours à Mlle Elisa Surville, somnambule, et, qu'en suivant les conseils qu'elle lui a donnés, étant magnétisée, cela gratuitement, il avait parfaitement recouvré la vue.

En foi de quoi, nous avons délivré le présent, que le déclarant n'a pu signer pour ne savoir.

Fait à Bois-de-la-Pierre, le 30 octobre 1859.

Le Maire.
BAUDONNET.

————

Je soussigné Lasseube Jean, propriétaire, domicilié à Pin, canton de Rieumes (Haute-Garonne), atteste qu'après avoir été atteint de douleurs de poitrine, palpitations de cœur et coliques, souffrant de tous les membres, et la fièvre ne m'ayant quitté qu'à de rares intervalles pendant à peu près cinq mois, mon frère fut consulter la somnambule Elisa Surville sur ma maladie, alors très grave, et que les médecins ne pouvaient guérir. Immédiatement après avoir commencé le traitement indiqué par la somnambule, j'ai été soulagé et dans peu de temps guéri. J'ai porté ensuite une ceinture GALVANO-MAGNÉTIQUE pendant quelque temps pour finir de rétablir l'équilibre de ma santé.

En foi de ce qui précède, j'ai signé la présente attestation, pour servir et valoir ce que besoin sera. LASSEUBE.

Vu pour légalisation de la signature du sieur Lasseube, apposée ci-dessus.

Mairie de Pin, le 22 juillet 1859.

L'adjoint au maire.
MULÉ.

Je soussignée Marguerite Mirmande, de Toulouse, rue des Trois-Piliers, 12, déclare avoir été atteinte, au dire des quatre docteurs les plus en renom à Toulouse, d'un cancer au sein droit. Ils m'ont affirmé tous que sans le secours de l'opération il m'était impossible de guérir de cette maladie, alors très grave et très douloureuse, à tel point que j'étais restée trois mois sans dormir ni nuit ni jour. Par hasard, je rencontrai une cliente de M. Surville, qui a bien voulu me donner son adresse, afin que je puisse consulter sa somnambule. Le traitement qui m'a été ordonné par elle m'a soulagée immédiatement, et, au bout d'un mois, j'ai été complétement guérie par la seule application d'un emplâtre et l'usage d'une tisane, le tout prescrit par la somnambule.

Maintenant que la guérison date de trois ans, j'ai voulu l'attester. Ce que je certifie véritable et sincère.

A Toulouse, le 31 mars 1870.

Marguerite MIRMANDE.
Rue des Trois-Piliers, 12.

Je soussigné certifie que ma fille Jeanne Haraud, épouse Ourgo, d'Auterive (Haute-Garonne), était, il y a quatre ans, atteinte de folie depuis trois mois et que nous étions obligés de la garder nuit et jour. Voyant que la médecine ordinaire ne lui procurait aucun soulagement, je fus à Toulouse consulter M. Surville et sa somnambule, ayant soin de porter un objet ayant appartenu à ma fille.

Mlle Clarisse étant dans son sommeil magnétique, je lui demandai : « Voyez-vous ma fille? » Peu de temps après elle nous répondait : « Elle est folle, » ce qui était vrai. Nous lui demandâmes ensuite le traitement qu'il faudrait faire pour lui rendre la raison. Elle nous l'a dicté immédiatement, en assurant la guérison. En effet, au bout de huit jours, elle fut bien soulagée, et, dans la quinzaine, la guérison s'acheva. Depuis cette époque, la malade est restée calme et tranquille comme avant son affection.

En foi de quoi, je suis heureux de pouvoir donner le présent certificat.

Auterive, le 2 avril 1870.

HARAUD père.

Je soussigné Danglade Guillaume, domicilié à Montesquieu-Volvestre (dit canton), arrondissement de Muret, département de la Haute-Garonne, certifie, à qui il appartiendra, avoir été atteint d'un refroidissement et d'un rhumatisme depuis plus de quatre ans. Ayant consulté différents médecins et suivi divers traitements sans en avoir éprouvé le moindre soulagement, je me suis adressé à la médecine somnambulique de M. Surville, et, après quelques consultations, ma guérison ne s'est pas fait longtemps attendre.

En foi de ce, à Montesquieu-Volvestre, le 21 juillet 1859.

DANGLADE.

L'an mil huit cent cinquante-neuf et le neuf octobre :

Devant nous, soussigné, maire de la commune de Carbonne, arrondissement de Muret, s'est présentée la nommée Catherine Souvielle, veuve Gours, domiciliée à Carbonne, laquelle nous a déclaré que, atteinte depuis longtemps du ver solitaire qui la faisait beaucoup souffrir, elle a été guérie par le sieur Surville, de Gratens, à l'aide de sa somnambule, qui lui a donné gratuitement ses soins.

En foi de quoi, nous lui avons donné acte de sa déclaration qu'elle n'a signé pour ne savoir.

Fait à la mairie de Carbonne, le jour, mois et an que dessus.

Le maire,
LAGARRIGUES.

Je soussigné Fidèle-Bertrand-Barthélemy-Pascal Dario, habitant du Fousseret (dudit canton), arrondissement de Muret, département de la Haute-Garonne, certifie avoir été malade d'un rhumatisme général avec gonflement de différentes articulations, et d'une affection dartreuse de la peau depuis environ un an et demi. Voyant que cette affection n'avait aucune tendance à vouloir s'améliorer sous l'action des traitements que les médecins me faisaient suivre depuis longtemps, j'ai eu la bonne idée de consulter M. Surville, qui exerçait la médecine somnambulique, et, à ma grande joie, après quelques consultations, j'ai été absolument guéri.

En foi de quoi, je suis heureux de donner le présent certificat.

Fait au Fousseret, le 13 juillet 1859.

DARIO.

———————

Je soussigné Jacques Cazarré, propriétaire à Bois-de-la-Pierre, canton de Carbonne, arrondissement de la Haute-Garonne, certifie avoir été atteint de la fièvre typhoïde avec des douleurs très vives dans tout le corps depuis plus de trois mois. Voyant que la médecine ordinaire ne me procurait aucun soulagement, ma mère a eu recours à la somnambule Elisa Surville, qui m'a indiqué un traitement calmant et réparateur, et insensiblement la santé m'est revenue comme si je n'avais jamais été malade.

En foi de quoi, je signe le présent certificat.

A Bois-de-la-Pierre, le 20 juillet 1859.

·CAZARRÉ.

Vu par nous, maire de la commune de Bois-de-la-Pierre, pour la légalisation de la signature de M. Jacques Cazarré, apposée autre part.

A la mairie de Bois-de-la-Pierre, le 29 juillet 1859.

BAUDONNET.

———————

Je soussigné Jean-Pierre Bourciquand, propriétaire de l'hôtel du Cheval-Blanc, à Toulouse, rue du Faubourg-Matabiau, 9, certifie avoir été atteint, en 1864, d'une atrophie du foie ; pendant six mois, je vomissais tout ce que je prenais ; j'étais complétement épuisé ; j'avais perdu 86 livres de mon poids normal.

Au dire des médecins, j'étais beaucoup plus malade que je ne le paraissais : ils disaient que mon corps allait se gonfler dans toutes ses parties. Ma femme provoqua alors une consultation des quatre docteurs les plus habiles de Toulouse ; malheureusement, le résultat de la consultation portait que je devais être bientôt perdu.

Mon épouse ayant entendu cette fâcheuse nouvelle, envoya tout de suite notre cocher Gervais, consulter, au moyen d'une mèche de mes cheveux, la somnambule de M. Surville.

Dès que le messager fut de retour, on me fit exécuter religieusement les prescriptions de la somnambule, et, à l'étonnement de tous ceux qui me connaissaient, je fus tout de suite soulagé. A partir de ce moment, l'amélioration se fit sentir de jour en jour, et la somnambule déclara qu'à la troisième consultation je serais guéri définitivement. C'est ce qui eut lieu. Au bout d'un mois et demi de traitement, je fus radicalement guéri, comme elle l'avait prédit.

Depuis cette époque, qui date de six ans, la guérison ne s'est pas démentie.

C'est pour rendre hommage à la vérité que j'ai fait et signé le présent certificat.

A Toulouse, le 20 avril 1870.

BOURCIQUAND.

Je soussigné Joseph Salazard, propriétaire à Lherm, canton et arrondissement de Muret (Haute-Garonne), certifie avoir été atteint d'une grande perte de sang par le fondement. Cette perte, qui datait de plusieurs mois, m'avait considérablement épuisé.

Après avoir fait toute espèce de remèdes sans éprouver le moindre soulagement, ma femme fut à Toulouse consulter la somnambule de M. Surville, qui m'ordonna un traitement, lequel me guérit en quinze jours.

En foi de quoi, j'ai délivré le présent certificat.

A Lherm, le 13 avril 1870.

Joseph SALAZARD.

Je soussigné Salazard fils, de Lherm, arrondissement de Muret (Haute-Garonne), déclare que j'ai eu la fièvre typhoïde en 1868, et comme les deux médecins qui me soignaient ne disaient rien sur le genre de ma maladie , mon père fut auprès de M. Surville, à Toulouse, pour consulter Mlle Clarisse, somnambule, afin de savoir quelle était ma maladie. C'est alors que mon père apprit que j'avais une fièvre typhoïde et que je serais bientôt guéri en faisant le traitement dicté par la somnambule. Mon père me fit suivre exactement l'ordonnance prescrite, et, dans vingt jours, je fus complétement guéri.

En foi de quoi, etc.

A Lherm, le 13 avril 1870.

A. SALAZARD.

Je soussigné B. Suran, de Toulouse, rue Matabiau n° 76, certifie avoir été atteint d'une hémorrhagie nasale, qui se renouvelait une ou deux fois par mois depuis douze ans, sans pouvoir trouver un moyen de guérison, malgré les nombreuses sommités médicales que j'avais consultées : notamment M. le docteur Fontan, de Bagnères-de-Luchon, qui m'ordonna l'usage des eaux minérales à plusieurs reprises et sans en avoir obtenu le moindre résultat.

Bien des fois ces hémorrhagies se prolongeaient pendant vingt-quatre heures, et souvent la syncope en était la terminaison lugubre.

Il y a trois ans, un client de M. Surville, après m'en avoir fait des éloges, m'engagea à consulter sa somnambule : ce que je fis.

La somnambule, après m'avoir très bien décrit mon affection, m'ordonna un traitement que j'ai suivi pendant six mois, et, depuis cette époque, je reste parfaitement guéri.

En foi de quoi, et pour rendre hommage à la vérité, j'ai délivré ce certificat.

Toulouse, le 30 avril 1870.

B. SURAN

Je soussignée Marie Barthe, de Toulouse, rue de l'Etoile, n° 10, déclare que ma fille était atteinte d'une maladie grave de l'estomac, qui l'obligeait à garder le lit ; elle avait une extinction de voix et des vomissements continuels depuis trois mois.

Indépendamment de notre médecin qui venait la voir tous les jours, j'en avais consulté plusieurs autres, sans pouvoir arriver, à l'aide d'aucun moyen, au moindre résultat.

Je me suis adressée, dans cette circonstance, à la médecine somnambulique de M. Surville. Sous l'influence du traitement indiqué ma fille recouvra tout de suite la parole, et la maladie disparut dans l'espace de huit jours.

En foi de ce, je lui ai délivré la présente déclaration.

Toulouse, le 12 mai 1870.

Marie BARTHE.

Je soussigné, déclare que vers la fin de l'année 1867 ma femme souffrait de douleurs de matrice avec pertes blanches et complication de douleurs d'estomac et gastrite qui la faisaient considérablement souffrir et maigrir, avec perte d'appétit. Je lui conseillai d'aller prendre une consultation de la somnambule dirigée par M. Surville. Nous y fûmes, et quelques jours après le traitement indiqué par cette lucide, elle se rétablit entièrement ; tous les symptômes fâcheux disparurent, l'appétit revint avec l'embonpoint.

Dans l'année 1867, ayant été moi-même affecté d'un embarras gastrique avec perte complète d'appétit, je réclamai le secours de la même somnambule, et je fus promptement guéri.

Dans d'autres indispositions, j'ai usé des mêmes moyens et les résultats ont été toujours favorables.

Mais le résultat le plus prompt que j'aie éprouvé du secours du somnambulisme lucide, le voici : Cette courte relation n'est pas à l'adresse des médecins ; je m'adresse aux malades et à ceux qui ne sont esclaves ni des préjugés, ni de la routine, à ceux qui savent réfléchir et qui se demandent comment l'instinct conduit les animaux à découvrir les plantes qui leur sont salutaires, et comment il se fait que l'homme seul en soit dépourvu. Ah ! Messieurs les savants, non, Dieu n'a pas déshérité l'homme de l'utile connaissance de conserver sa santé ou de la rétablir lorsqu'elle est altérée : c'est votre vaine science, votre science athée. Puisque vous vous traitez de savants, vous devez à peu près tout savoir, ou au moins, vous, qui êtes placés à la tête du corps médical, vous devez ne pas mettre comme une lettre morte au fond des cartons les rapports des commissions que vous avez vous-mêmes nommées et qui traitent des faits magnétiques. Est-ce que vous n'avez pas aussi connaissance des rapports fait à l'Amirauté anglaise par les médecins et les capitaines qui naviguaient dans les mers de la Polynésie? N'avez-vous pas lu, dans ces rapports, que ce sont les savants civilisés qui réclament le secours des sauvages (hommes de la nature), pour guérir leur équipage des paralysies, etc., et notamment les fractures, qui étaient soudées en huit jours? Je demande pardon de cette longue digression; elle était nécessaire afin de prouver que l'homme possède (bien qu'il soit épris de préjugés contraires), la connaissance nécessaire pour rétablir sa santé. Eh bien! la véritable lucide qui n'est pas influencée est dans cet état.

Je reprends mon certificat: Le résultat le plus prompt que j'aie éprouvé du résultat du magnétisme, le voici: En 1869, j'étais atteint de douleurs atroces dans la région antérieure de la ceinture, douleurs telles qu'il me semblait qu'avec des tenailles l'on me tordait les chairs. Je fus tout aussitôt consulter la somnambule. Dès que je fus en rapport (et sans me questionner), elle me dit: Vous souffrez horriblement, vous avez même peur de mourir (ce qui était vrai); allez de suite prendre un bain de corps, aussi chaud que vous pourrez le supporter, et restez-y une heure; demain, prenez 45 grammes de sulfate de magnésie. Je suivis exactement cette ordonnance.

C'est ce que l'on nomme, en termes médicaux, un ZONA qui s'annonçait, et que le bain chaud fit éclore en facilitant l'éruption cutanée. Les douleurs disparurent et la guérison fut prompte. D'après les médecins, c'est une maladie assez longue et surtout très douloureuse.

Je suis heureux de rendre ce témoignage de reconnaissance à M. Surville. Mon certificat n'est pas une réclame en sa faveur, réclame dont, malgré sa modeste position, il n'a pas besoin; son livre de clinique est enrichi de tant de faits de guérison qu'il pourrait faire envie à bien de praticiens.

Ce que j'ai eu principalement en vue en entrant dans des détails qui sont en dehors des certificats ordinaires que les malades accordent, c'est de rendre hommage à la vérité, et déclarer aux malades religieux, comme aux autres, cette vérité de tous les temps: que l'homme est une âme desservie par des organes, et pour guérir l'homme, il faut connaître sa nature complexe. Et l'on me rit au nez lorsque je parle de l'âme à certains docteurs, et plus particulièrement les aspirants au doctorat, qui pèchent par trop de franchise.

Que n'aurai-je pas à dire sur les aliénations mentales, qui sont toutes, au dire des médecins, des maladies organiques du cerveau. L'autopsie a beau présenter un cerveau bien conformé, la science ne peut être en défaut, la lésion existe; si elle ne la voit pas, c'est la faute des instruments (microscopes) qu'elle a à sa disposition; toutes ses tendances doivent avoir pour but de les perfectionner. Oh! pauvres humains, que nous sommes bêtes et moutons!

Je vous autorise, M. Surville, à faire tel usage que vous voudrez du présent certificat, même à le rendre public si vous le croyez utile à la science magnétique appliquée au diagnostic et au traitement des maladies.

Toulouse, le 16 mai 1870.

Paul THOMAS.
Rue de la Providence, 20.

Je soussigné Jean Mauran, propriétaire, tailleur de pierre à Toulouse, avenue de la Patte-d'Oie, 6, certifie avoir été atteint d'épilepsie en 1864. Les attaques se renouvelaient quelquefois quatre ou cinq fois par jour, et chaque fois je perdais complétement connaissance.

Ces attaques dataient de bien longtemps; j'avais presque perdu tout espoir de guérir. Je fis tenir à cette époque une consultation de quatre docteurs de la ville; mais quant au résultat obtenu à l'aide de leurs conseils, il fut nul; aucun changement avantageux ne vint modifier ma triste situation.

J'étais devenu bien malade, très faible, et j'avais vainement essayé toute espèce de traitement; au contraire, ma maladie empirait tous les jours.

Ayant entendu parler de M. Surville, médecin-magnétiseur, je fus le trouver pour consulter sa somnambule. Sitôt qu'elle fut en contact avec moi, elle me découvrit tous les symptômes de ma maladie épileptique et la cause qui me l'avait donnée. Elle m'ordonna ensuite un traitement qui devait durer douze jours, au bout desquels je devais être entièrement guéri.

Comme je n'ai plus eu, en l'espace de six ans qui viennent de s'écouler, le moindre symptôme de cette horrible maladie, j'ai voulu rendre hommage à mes bienfaiteurs, pour lesquels je conserve une éternelle reconnaissance.

En foi de ce,

Toulouse, le 17 mai 1870.

Jean MAURAN,

Avenue de la Patte-d'Oie, 6.

————

Je soussigné Arnaud Dabon, propriétaire à Lardenne, canton de Toulouse, certifie que ma fille fut atteinte, il y a huit mois, d'une fièvre typhoïde. Voyant que le traitement de deux médecins qui venaient la soigner n'amenait aucun résultat, et la voyant toujours de plus en plus malade, je fus trouver M. Surville, médecin à Toulouse, afin de consulter sa somnambule, qui avait déjà guéri plusieurs personnes fort malades de chez nous. Le résultat fut des plus heureux, car, au moyen du traitement indiqué par le sujet magnétisé, la malade se trouva mieux le lendemain, et, dans l'espace de douze jours, elle fut guérie sans le secours de la quinine, que les médecins voulaient absolument lui faire prendre.

En foi de quoi, je lui ai délivré le présent certificat.

Lardenne, le 16 mai 1870.

Arnaud DABON.

————

Je soussigné Marty, de Toulouse, rue Bayard, 25, déclare que ma fille avait des attaques d'épilepsie depuis fort longtemps.

Il y a deux ans, sa mère la conduisit auprès de M. Surville pour la faire soigner. Par son traitement, il fit bientôt disparaître les attaques, et, depuis cette époque, elles n'ont plus reparu.

En foi de quoi, je lui ai délivré le présent certificat, pour valoir à qui de droit.

Toulouse, le 19 mai 1870.

MARTY.

Rue Bayard, 25.

Je soussigné Louis Namarthre, propriétaire, de la commune de Sajas, canton de Rieumes, département de la Haute-Garonne, certifie avoir contracté, en 1860, une phthisie pulmonaire, à la suite d'une sueur rentrée et d'un rhume négligé. Il m'était impossible de me livrer à aucun travail. Je mangeais très peu, j'étais dégoûté de tout, et j'avais considérablement maigri ; je toussais beaucoup, j'étais faible, à peine si e pouvais marcher ; ma poitrine, le matin, était couverte de sueur et j'avais continuellement une fièvre lente qui m'épuisait complétement.

Ayant consulté, à cette époque, plusieurs médecins, et suivi leurs traitements dictés par la médecine ordinaire, après avoir fait usage des eaux minérales pendant l'espace de quatre années consécutives, tout cela, sans éprouver le moindre soulagement, je m'adressai en dernier ressort à la médecine somnambulique de M. Surville, et au bout d'un mois, par le seul usage d'un traitement prescrit par la somnambule, il s'opéra chez moi une guérison complète et durable.

En foi de quoi, etc.

Sajas, le 21 mai 1870.

Louis NAMARTHRE.

Je soussigné Bertrand Calmel, domicilié à Toulouse, à Terre-Cabade, déclare que ma fille, atteinte de fièvre typhoïde, avec crachement de sang et catarrhe sur la poitrine, a été traitée par la médecine somnambulique de M. Surville, et qu'elle a été guérie par la somnambule.

En foi de quoi,

Toulouse, le 25 mai 1870.

B. CALMEL

Vu pour légalisation de la signature de M. Calmel, apposée ci-contre.

Toulouse, le 7 juillet 1870.

Le maire,

DE PLANET.

Je soussigné Jean Gayraud, propriétaire de la commune de Layrac, canton de Villemur, département de la Haute-Garonne, certifie avoir été atteint d'un asthme nerveux depuis mon bas-âge. J'éprouvais de fréquentes crises d'oppression qui me faisaient horriblement souffrir, à tel point que souvent je perdais complétement connaissance et que je croyais mourir.

Après avoir consulté plusieurs médecins sans pouvoir obtenir le moindre soulagement, et voyant ma maladie augmenter d'une manière sensible, je me rendis chez M. Surville, à Toulouse, qu'un de mes amis m'avait conseillé d'aller voir. Je consultai sa somnambule, Mlle Clarisse, qui découvrit le siége de ma maladie. Le traitement prescrit par ce sujet très lucide m'a parfaitement guéri dans l'espace de trois mois. Ainsi, depuis le mois de décembre 1867, je n'ai plus eu d'attaque et je me porte très bien.

En foi de quoi, et pour rendre hommage à la vérité, j'ai délivré ce certificat pour valoir devant qui de droit, désirant de tout mon cœur que ce système de médecine, si souveraine, se propage dans l'intérêt des pauvres malades qui sont atteints de maladies chroniques.

Layrac, 5 août 1870.   J. GAYRAUD.

Vu et approuvé pour légalisation de la signature ci-contre.

Layrac, 6 août 1870.

Le maire,

TESSEYRE.

Je soussigné François Laporte, dizenier de la 101e circonscription du canton centre, domicilié à Toulouse, place Marengo, n° 10, certifie que mon fils, l'an dernier, fut atteint d'une fièvre typhoïde très grave, avec délire et mauvaise toux. Un jour que je le croyais perdu, je fus consulter la somnambule, chez M. Surville, pour savoir s'il y avait moyen de le guérir.

La somnambule, une fois magnétisée, nous décrivit toute sa maladie; elle me rassura beaucoup en me disant de lui faire subir le traitement qu'elle allait lui prescrire, que mon fils serait tout de suite soulagé et que la guérison ne se ferait pas longtemps attendre.

Je fis immédiatement exécuter l'ordonnance, et le malade guérit parfaitement, à notre grande satisfaction.

Fait à Toulouse, le 17 mai 1870.   E. LAPORTE.

Vu pour légalisation de la signature de M. Laporte ci-dessus approuvée.

Toulouse, le 27 mai 1870.

Le maire,

DE PLANET.

Je soussignée M. Redard de Toulouse, rue de l'Inquisition, 3, certifie avoir été atteinte, pendant plusieurs années, d'une maladie nerveuse très grave et compliquée de grandes pertes de sang. Cette maladie faisait mon désespoir et m'empêchait de dormir. La médecine ordinaire ne trouvant aucun moyen pour me soulager, c'est alors que je me suis adressée à Mme Méjean, somnambule, et à M. Surville, médecin, pour avoir une consultation somnambulique A partir de ce moment, les souffrances se sont apaisées et la santé m'est revenue insensiblement.

En foi de quoi, je suis heureuse de donner le présent certificat.

Toulouse, le 3 avril 1870.

M. REDARD.

Je soussigné Jean Peyloubet, entrepreneur à Toulouse, rue Riquet, n° 15, déclare que je fus atteint, en 1868, d'une douleur sciatique qui me fit horriblement souffrir pendant sept mois. Elle avait résisté à divers traitements, tels que frictions, sangsues, fer rouge, ordonnés par plusieurs médecins.

Voyant mon désespoir, ma femme fut trouver Mme Méjean pour la faire magnétiser par M. Surville, et prendre les conseils qu'elle lui dicterait. La somnambule fut très lucide ; elle découvrit ma maladie point par point, et le traitement fut efficace, car je fus tout de suite soulagé. Peu après, elle m'ordonna l'électricité, et ce dernier moyen acheva de me guérir.

C'est pour rendre hommage à la vérité que j'ai fait et signé le présent certificat.

En foi de quoi, etc.

Toulouse, le 18 juin 1870.

J. PEYLOUBET.

Le soussigné Antoine Lagrange, du Vernet, canton d'Auterive (Haute-Garonne), déclare que mon père a été atteint d'une maladie de poitrine qui datait de très longtemps. Cette maladie l'empêchait de respirer, et souvent il était obligé de se lever la nuit pour avoir de l'air. Les médecins qui le soignaient disaient qu'il était asthmatique. Il a passé six mois gravement malade, et pendant ce temps on lui avait appliqué des sangsues sur la poitrine, six à sept vésicatoires, pratiqué plusieurs saignées et administré une foule de remèdes qui n'avaient amené aucun bon résultat.

En 1867, il fut chez M. Surville pour consulter sa somnambule, et, à la suite d'une seule séance magnétique qui lui fut conseillée, il guérit radicalement dans l'espace de dix jours.

Depuis cette époque, le malade n'a plus souffert.

En foi de quoi, etc.

Le Vernet, le 27 juillet 1870.

> Pour mon père qui ne sait pas signer :
> Son fils, Dominique LAGRANGE, de Verdun.
> Bien reconnaissant.

Je soussigné Lacanal Jean-Elie, de la commune de Labastidette, canton et arrondissement de Muret, département de la Haute-Garonne, certifie avoir été atteint d'une maladie chronique de l'estomac. Depuis fort longtemps, je vomissais plusieurs fois par jour les aliments que je prenais.

Je ne pouvais plus travailler, et j'étais continuellement en proie à des souffrances atroces.

De tous les médecins que j'avais consultés, aucun n'avait pu me procurer le moindre soulagement. J'étais abandonné, et on me croyait perdu.

Le 20 janvier 1870, je me suis rendu chez M. Surville pour consulter la somnambule, et, après deux consultations, j'ai été radicalement guéri.

En foi de quoi, etc.

Labastidette, le 22 juin 1860.

LACANAL.

Vu pour légalisation de la signature du sieur Lacanal Jean-Elie, charron, domicilié à Labastidette (Haute-Garonne).

> *Le maire,*
> BAZILLON.

Je, soussigné, déclare que mon frère Pascal Barthélemy fut atteint, en 1864, d'un maladie très grave, qui résista au traitement de plusieurs médecins. J'écrivis en dernier ressort à M. Surville, médecin, alors en résidence à Carbonne, pour le prier de vouloir bien consulter la somnambule à l'effet de soulager mon frère.

Je fis suivre religieusement l'ordonnance prescrite par la somnambule, et, quelques jours après, je voyais mon frère entrer en pleine voie de convalescence.

Je suis heureux de rendre hommage à la vérité en délivrant la présente attestation.

Toulouse, le 17 janvier 1856.

A. DUPERRIN.

Vu pour légalisation de la signature de M. A. Duperrin, apposée ci-contre.

Toulouse, le 7 juillet 1870.

Le maire,
DE PLANET.

Je soussigné Jean Larrouquère, propriétaire à Bayonne (Basses-Pyrénées), en résidence à Toulouse, certifie avoir été gravement malade à la suite de quatre maladies successives que j'avais eues dans l'espace d'un mois : d'abord la fièvre typhoïde, dix jours après la rougeole, puis la jaunisse, et ensuite des douleurs rhumatismales très vives avec gonflement des articulations.

Le 13 mai 1870, je fis appeler M. Surville chez moi, rue Neuve-St-Aubin, n° 2, à l'hôtel Cabibel-Stoll, chez M. Ramondou, pour le prier de consulter sa somnambule et, lui-même, de venir me voir au lit chaque jour, pendant tout le temps de ma maladie. M. Surville me prodigua alors tous les soins nécessaires, et au bout d'un mois et demi, par le seul usage d'un traitement fort simple, je suis entré en pleine voie de convalescence ; maintenant, je mange, je me promène et je me considère aussi bien portant qu'avant d'avoir été malade.

En foi de quoi, je suis heureux de pouvoir fournir la présente attestation, qui est un hommage rendu à mon bienfaiteur.

Toulouse, le 9 juillet 1870.

Jean LARROUQUÈRE.

Vu pour légalisation de la signature de M. Jean Larrouquère.

Toulouse, le 9 juillet 1870.

Le maire,

DE PLANET.

La soussignée Marie Cassignol, du Mas-Saintes-Puelles, canton de Castelnaudary, département de l'Aude, certifie avoir été atteinte, en 1868, d'une hydropisie qui l'empêchait de se livrer à aucun travail; elle était si malade, que tout le monde la croyait perdue. Après avoir fait divers traitements sans pouvoir obtenir le moindre soulagement, ses parents firent tenir une consultation de trois médecins, qui jugèrent une opération nécessaire; mais elle était si malade et si faible, que les médecins résolurent d'attendre quelques jours. Pendant ce temps, sa mère partit pour Toulouse, afin de consulter la somnambule de M. Surville, et le résultat obtenu par ce moyen fut des meilleurs. Elle guérit insensiblement de cette maladie grave, et cela sans le secours d'aucune opération chirurgicale.

Les soussignés, heureux de fournir la présente attestation qui est un hommage rendu à l'auteur de la cure qui a été faite, ont signé.

A Mas-Saintes-Puelles, le 17 juillet 1870.

M. CASSIGNOL, FR. CATHARY, A. CASSIGNOL, J. GRADIT.

Vu pour légalisation des signatures de dames Marie Cassignol, Dlle Anna Cassignol, des sieurs Cathary François et Gradit apposées ci-dessus.

A Mas-Saintes-Puelles, le 17 juillet 1870.

Le maire,

VILLAUX.

Je soussignée Rose Escola, de Saint-Clar, canton de Muret (Haute-Garonne), déclare, qu'en 1865, j'étais atteinte, par suite des couches,

9

d'une grave maladie de la matrice. Plusieurs médecins, après m'avoir fait subir divers traitements, avouèrent à mon mari que je ne guérirais plus et resterais toute ma vie infirme. Mon mari, après cette déclaration, partit tout de suite pour consulter, au moyen d'une tresse de cheveux, la somnambule de M. Surville, à Toulouse.

Cette consultation amena de très bons résultats ; je ne tardai pas à être soulagée, et, au bout de deux mois de traitement, je fus radicalement guérie.

Depuis cette époque, ma maladie n'a plus reparu.

En foi de quoi, j'ai fait la présente attestation.

A Saint-Clar, le 15 août 1870.

Rose Escola.

L'an mil huit cent soixante-douze et le sept août,

Je soussigné Paul Larrieu, maire de la commune de Montastruc-Savez, canton de Rieumes, département de la Haute-Garonne, certifie avoir été atteint, en 1859, d'une maladie de poitrine, d'un battement de cœur, et surtout d'une grande faiblesse dans les jambes. Ayant suivi le traitement de plusieurs médecins pendant quatre ans sans aucun résultat, je me fis soigner par le magnétisme et le somnambulisme. Après quelques consultations de Mlle Elisa Surville, somnambule, laquelle m'ordonna, indépendamment d'un traitement interne, de porter aussi autour des reins, pendant un mois, une ceinture galvano-magnétique, j'ai été parfaitement guéri.

En foi de quoi, j'ai délivré le présent certificat.

Montastruc-Savez, le 7 août 1872.

Le maire,
Larrieu.

Vu et approuvé par les membres du Conseil municipal de Montastruc, pour légalisation de la signature de M. Paul Larrieu, maire de Montastruc-Savez.

Le maire,
Larrieu.

Je soussignée Marie Delzongle, de Toulouse, rue des Trente-six-Ponts, 49, certifie que j'avais une maladie de poitrine qui me retenait dans le lit depuis quelque temps, lorsque ma mère fut prier M. Surville de me traiter par le magnétisme.

M. Surville m'endormit à la première séance. J'indiquai moi-même ce qui me convenait en fixant l'époque de la guérison. Sans faire autre chose, au dire de mes parents, que ce que j'avais moi-même ordonné, je fus complétement guérie en l'espace de huit jours, comme je l'avais annoncé. Je suis très satisfaite et très reconnaissante.

En foi de quoi, je suis heureuse de donner le présent certificat.

Fait à Toulouse, le 15 mai 1870.

Marie DELZONGLE.

Vu pour légalisation de la signature de la dame Marie Delzongle, apposée ci-contre.

Toulouse, le 16 mai 1870.

Le maire,
DE PLANET.

Je soussigné, certifie que ma femme fut atteinte, il y a cinq ans, d'une crise de folie très forte ; nous étions quatre pour la contenir. Ne sachant plus quoi lui faire, au bout de cinq heures de crises horribles, j'envoyai prendre M. Surville, médecin. A son arrivée, il jugea à propos de la magnétiser, ce qui fut accepté par moi et par tous les assistants.

Après que M. Surville eut magnétisé ma femme pendant dix minutes environ, elle s'endormit et nous la laissâmes reposer une demi-heure ; ensuite, M. Surville la fit parler, et elle nous avoua être entièrement guérie. Sans faire aucune autre espèce de traitement, cette maladie n'est plus revenue.

Aujourd'hui, cinq ans après la guérison, je lui délivre, à titre de reconnaissance, le présent certificat.

Toulouse, le 20 mars 1870.

B. CALMEL,
A Terre-Cabade.

Vu pour légalisation de la signature de B. Calmel, apposée ci-dessus.

Toulouse, le 7 juillet 1870.

Le maire,
DE PLANET.

Je soussignée Antoinette Bistos, de Carbonne (Haute-Garonne), certifie, qu'en 1863, j'étais atteinte d'une douleur de poitrine qui m'empêchait de respirer ; je ne pouvais pas faire un seul mouvement sans éprouver des douleurs atroces.

Pour me débarrasser de cette souffrance, je fus trouver M. Surville, qui me fit des passes magnétiques sur le siége de la douleur, et, au bout d'un quart-d'heure, je fus complétement guérie. Depuis cette époque, je puis parler, respirer et marcher librement.

Carbonne, le 22 mai 1870.

Antoinette BISTOS,
De Carbonne.

Je soussignée Marguerite Ferran, maîtresse d'hôtel à Carbonne, arrondissement de Muret, département de la Haute-Garonne, certifie que j'avais à la tête deux loupes, l'une de la grosseur d'une noix, l'autre de la grosseur d'une noisette. Voyant que ces tumeurs augmentaient insensiblement de volume, je résolus de me confier aux soins d'un médecin, et, comme je redoutais beaucoup l'opération, je m'adressai à M. Surville, médecin-magnétiseur, qui m'a magnétisée et endormie.

Pendant le sommeil magnétique, j'ai pu être opérée sans en avoir conscience et sans aucune douleur.

Quant au résultat de l'opération, il a été très satisfaisant.

En foi de quoi, j'ai délivré ce certificat pour servir en cas de besoin.

Fait à Carbonne, le 25 mars 1864.

Marguerite FERRAN.

Vu à Carbonne, par nous, maire, pour légalisation de la signature de Marguerite Ferran, apposée ci-dessus.

Carbonne, le 6 avril 1864.

Le maire,
LAGARRIGUE.

Je soussignée Antoinette Carrière, de Bram, département de l'Aude, certifie que j'avais une dent cariée, la première grosse molaire de la mâchoire inférieure. Depuis un an environ, j'éprouvais souvent de très vives douleurs. Alors je demandai à M. Surville de m'extraire cette maudite dent, mais j'appréhendais tellement l'opération, que je n'aurais jamais pu me soumettre à la subir, s'il ne m'avait persuadée, qu'étant magnétisée, je ne souffrirais pas du tout. Ayant confiance, je me laissai magnétiser, et ma dent fut enlevée sans sensation d'aucune sorte. Lorsque je fus éveillée, comme je disais à M. Surville que je souffrais un peu de ma dent (la croyant toujours en place), il me la remit dans la main en me disant que j'étais guérie.

Ce que je certifie sincère et véritable.

Toulouse, le 6 mai 1870.

A. CARRIÈRE,
De Bram.

Je soussigné, domicilié à Toulouse, rue Saint-Rome, déclare qu'au mois d'août 1868, au retour d'un petit voyage que j'avais été faire à la campagne, je m'aperçus qu'une somme d'argent m'avait été soustraite, et que ma mère avait quitté la maison à l'insu de tous, et cela à la suite d'une crise nerveuse qui la prenait de temps en temps. Après avoir, pendant huit jours, pris toutes les informations possibles, soit auprès de mes parents et amis, soit auprès des voisins pour savoir où elle se trouvait, et voyant mes recherches ne me conduire à rien, je résolus, sur le conseil de plusieurs personnes, de consulter la somnambule de M. Surville, à l'effet de découvrir l'introuvable retraite de la fugitive. Je me rendis donc chez M. Surville, le 13 août 1868, et après l'avoir prié assez longtemps de me fournir un éclaircissement à ce sujet, il consentit à me donner l'adresse d'une personne que j'allais chercher moi-même pour servir de sujet magnétique.

La somnambule fut alors endormie et me dit bientôt qu'elle voyait ma mère très agitée, rompue de fatigue, un membre cassé et conduite à l'hôpital, ayant sur elle la somme d'argent qui me manquait.

Pour m'assurer du fait, je fus à l'hôpital Saint-Jacques, où je retrouvai ma mère et l'argent, comme la somnambule me l'avait annoncé : tout ce qu'elle avait dit était vrai.

Voilà pourquoi je suis heureux de donner la présente déclaration.

Toulouse, le 29 août 1870.

M. B.

Je soussignée veuve Fauré, bouchère à Toulouse, rue Marengo, déclare qu'au mois de novembre 1868 j'avais perdu une somme d'argent. Je croyais l'avoir perdue au dehors et que quelqu'un l'avait trouvée ; malgré cela, je l'avais cherchée dans l'intérieur de ma maison, dans tous les endroits où j'avais l'habitude de serrer mon argent. Toutes mes recherches furent infructueuses, et j'avais presque abandonné tout espoir, lorsque l'idée me vint d'aller trouver M. Surville, pour le prier de magnétiser. Mme Méjean, somnambule, à laquelle j'accordais une grande confiance. La consultation se fit immédiatement et l'expérience eut un plein succès, car la somnambule découvrit l'endroit où l'argent se trouvait caché. Elle énuméra les pièces, les billets, et désigna l'endroit où le tout se trouvait renfermé.

Ce que je certifie sincère et véritable.

Toulouse, le 10 mai 1870.

Ve FAURÉ.

Je vais terminer ce chapitre par la reproduction d'une lettre authentique, et qui peut bien tenir la place d'un certificat. Ayant demandé l'autorisation de livrer cette lettre à la publicité, je la soumets au lecteur.

Racontons d'abord les faits qui ont provoqué l'épisode en question :

Le nommé J. Sarraute, de Mondavezan, canton de Cazères (Haute-Garonne), s'est présenté chez moi, le 20 du mois de juillet 1865, pour consulter la somnambule. Il me dit qu'il lui manquait une somme de six cents francs, déposée dans son armoire, et qu'il désirait savoir où était passée cette somme. Etait-elle soustraite ou égarée ? Si vous pouviez me la faire retrouver, ajouta-t-il, je vous en serais très reconnaissant.

Comme je connaissais particulièrement cette brave personne et que je tenais à lui être utile, nous procédâmes à la consultation. C'est le 20 juillet 1865 que nous avions consulté la somnambule ; le 21 l'argent fut retrouvé. C'est cinq jours plus tard que M. Sarraute m'en annonça la nouvelle.

Voici de quelle manière nous avions procédé :

Le consultant demande d'abord à la somnambule magnétisée des détails sur sa santé ; ensuite, il émet le désir de savoir s'il n'avait pas perdu ou si on ne lui avait pas soustrait une somme d'argent. La somnambule lui dit : « Je vois bien ce que vous voulez, mais je me refuse à vous donner des explications sur ce fait ; seulement, je dois vous dire que si ce soir, en arrivant chez vous, vous suivez mon conseil, demain vous serez en possession de votre argent : ne me demandez pas autre chose ; soyez discret et prudent, si vous voulez réussir. »

Le consultant ayant suivi en tous points les conseils de la somnambule, réussit parfaitement.

Voici telle quelle la lettre qui me fut adressée cinq jours après la consultation :

Mondavezan, le 25 juillet 1865.

Monsieur Surville,

Je suis bien content de pouvoir vous annoncer une nouvelle favorable au sujet de l'argent que l'on m'avait volé. On nous l'a rendu dans la poche d'un habillement de ma femme. Nous l'avons trouvé, dimanche dernier, le même jour que la somnambule nous avait dit.

Je vous ai promis de vous récompenser ; veuillez, je vous prie, me dire le montant de ce que vous exigerez et je vous l'enverrai de suite.

Daignez, M. Surville, agréer mes remerciments et les hommages de mes sentiments très respectueux.

J. Sarraute, de Mondavezan.

Je pourrais rapporter, si je voulais, un bien plus grand nombre de faits, d'observations, d'attestations et de cures qui établiraient souverainement l'efficacité merveilleuse du magnétisme et de la médecine somnambuliques ; mais, hélas ! combien de personnes, après leur guérison, ne peuvent et ne doivent pas même paraître au grand jour pour de multiples raisons, facilement saisissables. Je me contente de rapporter seulement quelques-unes de celles qui m'ont été offertes spontanément comme un hommage rendu à la vérité.

XIII

Cinquième procès

(1873, 1874).

Je dirai tout d'abord que le caractère de ce procès me met un peu dans l'embarras pour le classer bien exactement, car, comme il y a deux procès réunis en un seul, je ne sais si je dois employer ici le singulier ou le pluriel. S'il y avait trois procès, j'aurais pu dire, en réminiscence de la triple unité du Père, du Fils et du Saint-Esprit, qui ne sont qu'une seule et même personne, que les trois affaires n'en forment qu'une seule.

Mais ce complément ayant manqué à mon procès, il ne peut plus représenter qu'un phénomène à deux têtes pour un seul corps : anomalie bizarre que je me contenterai de désigner au singulier.

Pour être à même de bien comprendre cette anomalie, il faut dire que les juges du tribunal de police correctionnelle ont rendu un jugement, et, à la suite de l'appel *a minimâ*, porté par le ministère public, les juges de la Cour d'appel en ont rendu un second sur les mêmes faits et tout à fait différent du premier.

Voilà pourquoi je me permettrai de dire que je suis passé et repassé devant trop de juges et par trop de jugements pour que j'approuve la moindre des choses de tout ce qui a été fait et refait contre moi.

> L'honnête homme ne doit s'en rapporter qu'à lui,
> Il se juge lui-même et jamais par autrui.

Arrivons aux faits qui ont amené ce dernier procès. Je vais

reproduire, d'une manière exacte et impartiale, tout ce qui s'est passé dans cette affaire.

Deux consultations somnambuliques seulement ont fourni à mes adversaires un prétexte de poursuites.

Je vais les donner ici fidèlement l'une après l'autre, et alors on verra, on appréciera et on jugera, car, pour moi, je ne reconnais qu'un seul juge : l'opinion publique.

PREMIÈRE CONSULTATION

C'est le 9 juillet 1873 au matin, que le nommé Jacques Néple, patron de barque, domicilié à Castelnaudary (Aude), accompagné de sa femme, s'est présenté chez moi pour la première fois, dans l'intention de demander une consultation somnambulique.

Je demandai tout d'abord à Néple ce qui l'amenait chez moi. Il me répondit :

« Plusieurs de vos clients m'ont adressé auprès de vous, notamment M. L... et Mme C... (des clients que j'estimais beaucoup), pour vous prier de magnétiser votre somnambule, afin d'avoir un renseignement qui m'est d'une nécessité capitale. »

Vous venez pour une maladie, lui demandai-je alors ?

Il me répondit :

« Non, pas précisément ; mais la consultation que je demande vous pouvez me la donner ; je sais que vous avez réussi dans des cas semblables, donc, je suis certain que vous réussirez pour moi aussi. »

Comme je me refusais à donner cette consultation, il insista pour l'obtenir. Sa femme pleurait devant mon obstination.

Enfin, fatigué, je fis observer qu'il y avait des affaires et des renseignements qui nécessitaient l'assistance de la police plutôt que la mienne.

A cela, il répondit :

« J'ai déjà fait tout ce qu'il est possible de faire, et je vous répète qu'il n'y a plus que la somnambule qui soit capable de me donner ce simple renseignement, qui ne peut nuire à personne, et qui pour moi sera le plus grand service que vous puissiez me rendre. Je sais bien qu'habituellement vous ne consultez que sur les maladies, mais j'espère que vous ferez une exception en ma faveur. Vous avez affaire à un homme honnête qui vous demande de le sauver. »

Au reste, ajouta-t-il :

« Vous n'avez absolument rien à craindre ; je vous jure, M. Surville, que quel que soit le résultat de la consultation, le plus grand silence sera gardé sur tout ceci. »

Je dois le dire, l'insistance et les dernières paroles de Néple firent fléchir ma volonté, et, quoique ne sachant absolument rien de ce qu'il venait faire, je supposai qu'il venait dans un but utile : il y avait d'ailleurs un service à rendre.

Bref, sans plus d'hésitation, je lui dis : Allez chercher Mᵐᵉ Almoudy, somnambule, rue des Pénitents-Gris, nᵒ 5, amenez-là, et nous ferons immédiatement l'expérience.

Néple et sa femme se rendirent chez Mᵐᵉ Almoudy, et après lui avoir demandé si elle voulait bien leur donner une consultation, la somnambule leur répondit :

« Avec le concours de M. Surville, quand vous voudrez. »

Néple lui demanda le prix de la consultation ; la somnambule lui dit :

« C'est dix francs. »

Là-dessus, tous les trois vinrent chez moi où je magnétisai Mᵐᵉ Almoudy (laquelle ignorait comme moi le but de cette consultation mystérieuse).

Comme avant toute autre question je demandais à la lucide l'objet de la visite des consultants, Néple m'interrompit en disant :

« Pardon, M. Surville, permettez-moi de l'interroger moi-même. »

Soit, lui répondis-je.

Néple fit alors lui-même les questions suivantes :

D. Néple. — Madame, faites-moi le plaisir de me dire qui je suis ?

R. La lucide. — Vous êtes patron de barque.....

Néple, le plus étonné du monde, murmura : « C'est vrai ! »

D. Néple. — Quel est le motif qui m'amène auprès de vous ?

R. La lucide. — C'est pour une somme d'argent que vous avez perdue, en sortant avant-hier au soir, vers dix heures, d'un café, et que vous désireriez retrouver.

C'était encore vrai.

D. Néple. — Le chiffre de cette somme est-il considérable ?

R. La lucide. — Il y avait 1,100 francs, plus une fraction de 10 francs, ce qui fait en tout 1,110 francs.

La réponse de la somnambule était toujours exacte.

D. Néple. — Pourriez-vous me dire, madame, de quoi était formée cette somme ; s'il y avait de l'or, de l'argent, ou des billets de banque ?

R. La lucide. — Il y avait de l'or et des billets de banque : en or, 310 francs, et le reste en billets de banque.

Néple, de plus en plus stupéfait, approuvait les réponses de la somnambule.

D. Néple. — Dans quoi cette somme se trouvait-elle renfermée ?

R. La lucide. — Dans un portefeuille, avec couverture de maroquin noir.

C'est encore vrai, dit le consultant.

D. Néple. — Voyez-vous, madame, comment il m'est arrivé de perdre ce portefeuille ?

R. La lucide. — Oui. En sortant du café, vous teniez votre paletot à la main ; l'idée vous prit de le mettre sur l'épaule, et, en faisant ce mouvement, le portefeuille, qui se trouvait dans le vêtement, glissa par terre. Une personne qui était après vous l'a ramassé : il l'a et il le garde pour s'en servir.

D. NÉPLE. — Voyez-vous cette personne, madame ?

R. LE SUJET. — Oui, je la vois : c'est un homme que vous connaissez particulièrement. Il n'est pas voleur de profession, mais le besoin dans lequel il se trouve le détermine à garder cette somme ; il a même l'intention de vous la rendre plus tard, s'il s'aperçoit que vous ne le soupçonnez pas.

D. NÉPLE. — Pourriez-vous me dépeindre cet homme ?

R. LA LUCIDE. — Il a environ quarante-deux ans, une taille moyenne, faible, éclopé, malade, il a un battement de cœur et un vésicatoire sur le côté. Il est patron comme vous, et sa barque touche presque la vôtre.

D. NÉPLE. — Que voyez-vous sur cette barque ?

R. LE SUJET. — Il y a deux toiles qui la recouvrent en partie.

M. Néple répondit alors à la lucide :

« Madame, je vois que tout ce que vous me dites est la vérité. Continuez vos recherches, je suis très content de vous. »

D. NÉPLE. — Retrouverai-je mon argent ?

R. — LA SOMNAMBULE. — Il est perdu pour vous.

D. NÉPLE. — Mais, cependant, cet argent doit être déposé quelque part ?

R. LA LUCIDE. — Il se trouve maintenant au bout de la barque, divisée en deux lots : les billets de banque sont dans une boîte de fer-blanc semblable à une boîte de sardines, et l'or est placé dans un pot de cendres.

D. NÉPLE. — Pourriez-vous, madame, me dire le nom de cet homme et le numéro de sa barque ?

R. LA LUCIDE. — Je m'en garderais bien, parce que je vois que vous voulez aller trop loin.

M. Néple s'écria alors : « Non, tout ce que vous dites doit

être enterré; pour rien au monde, je ne voudrais compromettre la personne que j'accuse, car elle me touche de trop près; aussi pouvez-vous être assurée de notre discrétion (1).»

Puis, Néple, s'adressant directement à moi.

« M. Surville, » dit-il, « je suis suffisamment renseigné et très satisfait de la consultation ; vous pouvez éveiller la somnambule.

» Voilà dix francs pour vos peines. »

La consultation ainsi terminée, Néple et sa femme prirent congé de nous et se retirèrent.

Mais, alors, que se passa-t-il ?

Eh ! mon Dieu, tout simplement ceci :

Lorsque les deux consultants arrivèrent au port, plusieurs de leurs connaissances, sachant le motif de leur voyage, n'hésitèrent pas à leur demander le résultat de la consultation somnambulique.

« Vous devez maintenant, leur dirent-ils, être renseignés. »

Les deux conjoints répondirent :

« Eh ! oui, oui, nous le sommes. »

Et comme on demandait des détails, ils ne tardèrent pas à ajouter :

« Oh ! nous connaissons le voleur....; l'argent n'est pas loin d'ici. »

Et ils dirent ensuite tout ce qu'ils savaient.

« C'est un homme malade et qui se trouve avoir un vésicatoire au côté....., etc., etc. »

Et justement là il se rencontrait un homme dans toutes les conditions indiquées. Je dois dire ici, une fois pour toutes, que je n'ai point l'intention de jeter sur qui que ce soit le moindre soupçon ; je raconte tout simplement les choses comme elles se sont passées.

Enfin, la journée se passa sans aucun incident ; mais, le

----

(1) La discrétion ! Aujourd'hui, je saurai ce que c'est que la discrétion ; M. Néple m'a fixé à cet égard.

lendemain, il en fut tout autrement. Comme la nuit, dit-on, porte conseil, celui qui se croyait être accusé se reconnaissant dans le portrait tracé, pria Néple de faire dans sa barque une perquisition, afin de détruire les soupçons qu'il pouvait avoir sur son compte. Néple lui répondit : « Je ne te demande qu'une chose; si tu as l'argent, rends-le moi, et si tu ne l'as pas, n'en parlons plus, qu'il ne soit plus question de rien. Alors, le même individu, sur le refus de Néple, alla chercher un commissaire de police pour faire visiter sa barque, et la perquisition eut lieu : on fouilla la barque.

Or, quel fut le résultat de ses recherches ?

On pourrait le supposer d'avance. Evidemment, on ne va jamais chercher le fouet pour se faire fouetter, et sans vouloir accuser le provocateur obstiné de la recherche, je dois à la vérité de rappeler que l'on trouva une boîte de fer-blanc dans les formes désignées et à l'endroit que la somnambule avait indiqué ; mais, hélas! sans billets de banque ! On trouva bien encore un pot rempli de cendres, mais, après vérification minutieuse faite par l'agent de police, qui flairait plutôt un délit que toute autre chose, il fut constaté qu'il ne renfermait ni or ni argent.

COMPLÉMENT DE LA PREMIÈRE CONSULTATION

Comme on vient de le voir, les recherches que l'on avait faites n'avaient abouti qu'à venir confirmer la prédiction de la somnambule; mais le commissaire de police, étant déjà au courant de cette consultation et ayant supposé qu'il était sur la trace d'un délit, ne voulut pas lâcher la piste.

Il envoya Néple une seconde fois pour prendre de nouveaux renseignements; il avait même l'intention de venir lui aussi (d'après ce qu'il me dit plus tard), mais sa dignité de commissaire l'en avait empêché.

Quoi qu'il en soit, Néple n'hésita pas à revenir, toujours

avec la même croyance que la somnambule lui ferait retrouver son argent ; seulement, au lieu de venir d'abord me
trouver, il fut directement prier la somnambule de se rendre
chez moi.

Néple était accompagné de son cousin. La somnambule
leur avait dit : « Prenez le devant, je vous rejoins immédiatement chez M. Surville. »

Néple et son compagnon arrivèrent donc chez moi.
M'ayant fait appeler, ils me prièrent de leur donner une
nouvelle consultation.

Alors je fis observer à Néple qu'il pouvait déjà se considérer comme étant suffisamment renseigné et qu'il n'avait
plus besoin de consultation, du moment que la lucide lui
avait donné la première fois tous les détails possibles et
qu'elle lui avait dit au surplus que son argent était perdu.

Néple me répondit :

« Ce n'est pas précisément pour l'argent que je reviens ;
je veux seulement demander à la somnambule deux mots
pour compléter la première consultation. J'ai amené mon
cousin qui a la curiosité de voir une séance somnambulique. Dans tous les cas, M. Surville, je vous l'ai déjà dit,
ceci est entre nous ; vous pouvez être certain que nous sommes de très bons enfants et que vous n'aurez qu'à vous
louer de nous.

A ce moment, Mme Almoudy venait de sonner et entra
dans la salle d'attente où nous nous trouvions.

Puisque la somnambule est là, décidai-je, complétons,
comme vous le désirez, la première consultation.

Je magnétisai la somnambule, et après avoir demandé à
Néple ce qu'il désirait savoir, son cousin prit la parole :

« Je suis désireux d'interroger moi-même la somnambule, me dit-il. »

L'ayant mis en rapport avec elle, je lui dis de l'interroger.

Celui qui devait interroger cette fois la lucide portait lui
aussi le nom de Néple.

D. NÉPLE. — Pourriez-vous nous dire, madame, le résultat de la première consultation ?

R. LA LUCIDE. — Oui, je vois d'abord que votre cousin n'a pas suivi les conseils que je lui avais donné. Il a fait des recherches, mais qui ne lui ont rien fait découvrir.

Néple dit : « Vous avez parfaitement raison, madame. »

D. NÉPLE. — A côté de la barque que vous nous avez désignée il y a quelque chose de particulier ; pourriez-vous nous dire ce que c'est ?

R. LA LUCIDE. — Sur le côté de la barque il y a un petit canot percé d'un trou sur le côté gauche, de telle sorte qu'hier il était à moitié plein d'eau.

Le consultant approuva de la tête et me dit en même temps : « Nous allons lui demander maintenant un dernier renseignement. »

D. NÉPLE. — Voyez-vous, madame, où se trouve actuellement la somme d'argent que nous avons cherchée inutilement avant-hier ?

R. LA LUCIDE. — Je vais bien vous le dire ; seulement, je regrette que vous ne suiviez pas mes conseils et que vous vouliez aller trop loin. L'argent est placé dans une bouteille, sous la barque, mais vous ne le retrouverez pas, je vous l'ai déjà dit et je vous le répète.

Le consultant fit observer alors à la somnambule qu'un louis de vingt francs ne pouvait pas passer dans une bouteille, et il ajouta :

« La bouteille surnagerait et on pourrait l'apercevoir (1). »

---

(1) Moi-même n'ayant rien répondu lorsque le cousin de Néple fit à la somnambule ces deux objections, qu'il me soit permis de dire aujourd'hui, bien tard, il est vrai, que ce que disait la lucide n'était pas aussi absurde, aussi impossible que cela.

Moi-même, après la consultation, j'ai voulu me rendre compte de cette particularité, à savoir si réellement un louis de vingt francs pouvait passer dans l'ouverture d'une bouteille d'un litre.

Eh ! bien, j'affirme que c'est l'exacte vérité.

Un louis ne passe pas dans toutes les bouteilles, c'est vrai, mais sur un tas

Ceci dit, les deux cousins n'ayant plus rien à demander, se retirèrent.

Pour raconter ce qu'il advint après, j'ai besoin de reproduire les renseignements que le commissaire de police me fournit plus tard, lorsqu'il me fit appeler dans son cabinet.

Il me dit qu'il avait engagé les consultants à procéder à une deuxième perquisition ; qu'ils avaient cherché extérieurement en dessous et de chaque côté de la barque et que, comme la première fois, ils n'avaient rien trouvé.

Le commissaire de police n'avait pas comme cela poussé Néple dans le simple but de faire une contre-épreuve, mais bien pour établir un certain délit d'escroquerie qu'il supposait exister dans la consultation somnambulique.

Cette consultation ayant été jugée par le commissaire de police comme constituant une manœuvre frauduleuse, il

---

de trente, de toute dimension, que j'avais justement sous la main à ce moment, j'en ai rencontré trois : deux de la contenance d'un litre, et une petite bouteille bordelaise, dans le goulot desquelles un louis de vingt francs passait comme une lettre à la poste.

Tout le monde, comme moi, peut faire la même expérience.

Voici maintenant la réponse à la deuxième objection que fit Néple, en disant : « qu'une bouteille surnageait et pouvait être ainsi aperçue de tout le monde. »

En parlant ainsi, Néple ne prévoyait pas les exceptions ; or, il y en a à toute chose, et le cas actuel en est la preuve. Puisque la somnambule dit que la bouteille hermétiquement fermée avait été placée sous la barque, je demanderai au lecteur :

Croyez-vous qu'une bouteille soit visible et qu'elle puisse surnager, lorsqu'elle se trouve avoir sur son flanc le poids d'un bateau ?

Moi je dis que ce n'est pas possible, c'est évident comme le jour ; j'ajouterai même qu'une bouteille peut être facilement cachée dans une barque qui se trouve sur l'eau. Dans tous les cas, Néple m'avoua plus tard que les recherches n'avaient pas été sérieuses. Je ne veux pas dire par là que ce qu'avait dit la somnambule était la vérité, mais j'entends qu'il n'y avait là aucune invraisemblance.

Et cependant, ces deux seules objections que le cousin Néple fit en présence des juges du tribunal de police correctionnelle, le jour de sa déposition, me furent bien défavorables. Mon avocat ne parla pas de l'expérience faite qu'il connaissait, et somme toute, au lieu d'être acquitté, je fus condamné, comme on le verra plus loin, à une simple amende, puis à la prison.

s'empressa de dresser un rapport basé sur la déposition des témoins Néple, relativement aux faits de recherches qui venaient d'avoir lieu, et, peu de jours après, j'eus la visite d'un agent de police, qui me pria de me rendre auprès de M. Dalous, commissaire de police, à la halle aux grains, place Dupuy.

Je me rendis à cette invitation pour savoir de quoi il s'agissait, et c'est là que j'appris que j'allais être poursuivi pour escroquerie, à cause de la consultation que j'avais donnée à Néple. Le commissaire de police ajouta que le magnétisme n'avait plus aujourd'hui sa raison d'être; que lui-même ne croyait pas à cette doctrine; que j'employais un triste système; que j'étais le point de mire de tous les médecins de Toulouse; que lui-même se trouvait fils de médecin, et que, par conséquent, il n'était pas fâché d'avoir cette affaire en main et qu'il se proposait de la faire marcher en règle.

Il dit encore que c'était lui qui avait engagé Néple de revenir une seconde fois chez moi pour pouvoir mieux établir le délit.

Je laissai couler le torrent et je répondis : Alors M. le commissaire, je puis m'estimer très heureux que vous ne soyez pas mon juge lorsque cette affaire sera appelée.

« Oh ! » me dit-il, « ce n'est pas une affaire criminelle, mais vous dépenserez de l'argent (1). »

Cependant, lui dis-je, dans bien des cas semblables, je pourrais prouver que j'ai réussi, au moyen de la somnambule, à faire découvrir bien des choses perdues ou égarées. Ainsi, je ne crois pas, lui dis-je, avoir agi en dehors de ma conscience ; j'ai fait de mon mieux, et si l'argent n'a pas été retrouvé, c'est qu'il ne pouvait pas l'être ; d'ailleurs, Néple

---

(1) En effet, le commissaire avait raison de dire que j'allais dépenser de l'argent, et je suppose même qu'il ne croyait pas en ce moment si bien prédire, car cette affaire m'a coûté autant matériellement que moralement, et Dieu sait tout ce que j'en ai souffert.

en avait été prévenu par la somnambule lors de la première
consultation.

Le commissaire de police m'interrompit en me disant :
« Je vous ai déjà dit que je n'approuvais pas du tout votre
système de procéder par le magnétisme : je n'y crois pas.
Mon père, qui était bon médecin, un homme instruit, qui
guérissait beaucoup de malades, n'a jamais employé des
procédés semblables, et je ne puis pas concevoir que le système que vous exercez soit pratiqué de nos jours.

Après cette dernière apostrophe, je compris que le commissaire de police était un adversaire de parti-pris du magnétisme, et c'est le cas de dire :

L'excès en tout est un défaut,
Faut de la vertu , pas trop n'en faut.

Cependant, ni son incrédulité ni ses menaces n'ébranlèrent
mes convictions. Ayant fait ma déposition, je me retirai en
me disant : Tu es poursuivi pour un cas d'escroquerie, mais
ta conscience est tranquille : tu n'as point fait de mal, tu
n'as donc rien à craindre, et je n'étais pas à cinquante pas du
commissariat de police, que je ne pensais plus à cette
affaire.

Au bout de quelques jours, comme je lisais le journal
La Dépêche, je remarquai, sur le numéro du 18 juillet 1873.
un petit article qui émanait du commissaire de police, et
dont je donne ici la reproduction exacte :

« *Somnambule*. — Une somme de 1,110 francs avait dis-
» paru du domicile du sieur N..., port Saint-Sauveur. Au
» lieu de porter plainte à la police, N... crut plus efficace
» d'aller trouver un officier de santé de Toulouse, et une
» femme originaire de la Nièvre, habitant notre ville, et
» faisant le métier de somnambule.

» Nos deux associés donnèrent une consultation : mais la
» police, sans égard pour les esprits, a dressé contravention. »

Ainsi qu'on peut parfaitement le comprendre, le charitable commissaire de police se livra immédiatement aux recherches les plus minutieuses, afin de découvrir d'autres cas semblables, de manière à pouvoir grossir un peu mon dossier. Mais comme je donnais très rarement de ces consultations, il passa cinq mois sans pouvoir en découvrir une autre. Il la découvrit enfin, et voici le deuxième délit qui fut relevé à ma charge.

DEUXIÈME CONSULTATION

Historique. — Le nommé Vilade, boulanger et cafetier de la ville de Carcassonne, s'est présenté chez moi le 9 du mois de décembre 1873. Lorsqu'il arriva à mon domicile, j'étais occupé à parler avec un nommé Cazat et sa femme de la commune de Bosost (frontière d'Espagne), qui étaient venus eux aussi pour consulter la somnambule, à l'effet d'obtenir un renseignement d'une haute importance.

Ils étaient passés chez la somnambule Almoudy pour la prier de se rendre chez moi, et comme M. Cazat me disait que la lucide se faisait un peu attendre, j'entendis quelqu'un frapper. Je fus ouvrir, c'était M. Vilade qui se présentait. Je le fis entrer à la salle d'attente où nous étions avec Cazat et sa femme, et il n'avait pas encore pris un siége, qu'il me demanda si c'était à M. Surville qu'il avait l'honneur de parler. Oui, lui dis-je. Il me dit alors : « Je viens auprès de vous de la part de telle et telle personne de Carcassonne, qui sont déjà venues vous trouver et qui ont été satisfaites de vos renseignements. Je m'adresse à vous pour savoir si je pourrais avoir des renseignements sur une somme de 2,000 francs que j'ai égarée dans ma maison ou que l'on m'a soustraite. Si cette somme est encore chez moi, je désirerais consulter la somnambule pour la retrouver ; et si quelqu'un s'en est emparé, j'en fais d'ores et déjà l'abandon. Je dois vous dire que je soupçonne une femme qui vient assez souvent chez moi et qui pourrait bien avoir fait le coup ; mais, dans tous les cas, M. Surville, alors même que la somnambule viendrait confirmer mes soupçons, ne croyez pas que je veuille chercher à faire de la peine à qui que ce soit ; c'est tout simplement une satisfaction personnelle que je vous demande et pas autre chose. »

Au bout d'un instant, madame Almoudy frappa à la porte et entra dans la salle où nous étions tous réunis. Je dis alors à Vilade : Asseyez-vous un moment; je me dois d'abord aux personnes qui sont arrivées avant vous, je ne vous ferai pas longtemps attendre.

Je fis passer dans mon cabinet M. Cazat et sa femme, ainsi que la somnambule, et M. Vilade restait seul dans la salle d'attente.

M. Cazat fit deux consultations, l'une ayant trait à un fait de recherche très important, et l'autre pour un cas de maladie. Les deux consultations achevées, j'éveillai la somnambule et je la priai de passer dans la salle d'attente où se trouvait M. Vilade.

Après avoir donné à M. Cazat des explications sur les prescriptions de la consultation médicale, et après qu'il eut pris congé de moi, je fus chercher Vilade et la somnambule pour procéder à la consultation demandée.

La lucide, magnétisée, fut mise en communication avec Vilade. Je lui demandai qu'elle nous dise les motifs de la visite du consultant.

La lucide répondit : « Je vois que ce monsieur vient dans un but de recherches ; on lui a volé, dans un tiroir du comptoir, une somme d'argent. »

Vilade répondit : « Oui, Madame, je viens pour ce motif. »

Après lui avoir demandé des explications sur le chiffre et la nature de la somme qui lui avait été soustraite, Vilade, satisfait des réponses, demanda à la somnambule si elle pouvait lui raconter de quelle manière le vol avait été fait.

et quel était l'auteur de ce vol : « je vous promets, dit-il à la somnambule, de garder, quoi qu'il arrive, le plus grand secret sur ce que vous me direz. »

La lucide reprit alors : « Eh ! bien, voici les faits. Un soir, un homme entra chez vous, au moment où vous, alliez fermer votre établissement, et vous demanda de lui servir une bouteille de bière. Comme vous aviez été obligé de passer dans une autre chambre pour aller la chercher, le visiteur profita de votre absence pour ouvrir le tiroir de votre comptoir et prendre les billets de banque qui étaient roulés ensemble, et qui formaient environ un total de deux mille francs. Après les avoir mis dans sa poche il referma le tiroir. Lorsqu'il eut sa bouteille de bière, le consommateur en but un verre d'un seul trait, et, après vous avoir payé, il sortit vivement. Maintenant, il n'est plus dans l'endroit. »

D. VILADE. — Pourriez-vous, Madame, me dépeindre cette personne?

R. LA LUCIDE. — Oui, c'est un homme en blouse, d'une taille moyenne, d'un teint brun, et sa profession est de voler tout ce qu'il peut. Il va particulièrement dans les bureaux de tabac, chez les épiciers, les boulangers et dans les cafés, où il fait comme chez vous, lorsqu'il en a l'occasion. Maintenant, il est loin de votre ville : il change souvent de localité, mais on ne tardera pas à l'arrêter. Quant à votre argent, il est perdu et vous ne le retrouverez jamais.

Le consultant n'ayant plus rien à demander, j'éveillai la somnambule.

Il me dit ensuite : « M. Surville, combien vous dois-je? »

Je lui répondis : Je prends habituellement dix francs.

« Eh! bien, » me dit-il, « voilà dix francs. »

Il paraissait satisfait de la consultation.

Après que M. Vilade fut sorti de chez moi, que se passat-il? Mystère! mystère! Je n'ai pas été le demander à Carcassonne: mais ce qu'il y a de certain, c'est que Vilade, ayant été appelé à déposer dans mon procès, sa déclaration a été tout à fait contraire à la vérité.

Les choses se sont passées chez moi absolument de la même manière que je viens de dire, comme le prouve d'ailleurs une déclaration écrite de M. Cazat, le consultant qui est passé dans mon cabinet avant Vilade.

Ce qu'il y a de particulier dans tout ceci, c'est que Vilade se soit présenté chez moi d'une manière tout à fait confidentielle et m'ait dès l'abord raconté, sans avoir eu besoin de rien lui demander, les motifs de sa visite, le but de sa consultation et les doutes qu'il avait à l'égard d'une femme, comme l'auteur du vol.

Ce qu'il y a d'extraordinaire, c'est que, pendant la consultation, il n'ait pas fait la moindre objection à ce que disait la somnambule : qu'il se soit retiré après m'avoir payé, sans faire la moindre observation, et enfin qu'il soit parti de chez moi avec toutes les apparences d'un homme très satisfait.

Je ne veux pas ici faire des commentaires, mais il faut bien que je raconte les choses comme elles se sont passées.

Or, voici la déposition qui a été écrite au rapport du commissaire de police :

Vilade dit : « Lorsque j'ai été consulter la somnambule, M. Surville est resté seul une demi-heure avec elle, avant de me consulter, et ensuite elle n'a fait que répéter ce que j'avais dit à M. Surville : me voyant ainsi trompé, je me suis retiré avant la fin de la séance. »

Heureusement qu'il n'est pas difficile de combattre cette déposition et d'en faire ressortir toute la fausseté.

Voici, à cet effet, une première preuve, écrite par un témoin oculaire et aussi digne de foi que Vilade, celui-là même qui se trouvait dans la salle d'attente, lors de l'entrée de ce monsieur.

Déclaration de M. Cazat (celui qui a consulté la somnambule avant Vilade.)

« Je soussigné François Cazat, âgé de trente-cinq ans, domicilié à Bosost (Espagne), déclare avoir été à Toulouse, le 9 du mois de décembre 1873, chez M. Surville, médecin, vers deux heures de l'après-midi, pour consulter la somnambule, Mme Almoudy, concernant une maladie dont j'étais atteint et, en même temps, pour être fixé sur un autre renseignement très important que j'avais besoin de connaître.

» En livrant cette déclaration, je veux seulement rendre hommage à la vérité en disant que j'ai été satisfait de la consultation que cette dame m'a donnée; je n'ai qu'un regret, c'est de ne pas avoir été la trouver plutôt, car le résultat aurait été bien plus grand pour moi.

» Avant la séance, nous étions à la salle d'attente, moi, ma femme, M. Surville et un autre monsieur, qui nous dit être de Carcassonne, et qui demanda également, après nous, une consultation.

» La somnambule que j'avais été chercher ne se fit pas longtemps attendre : elle arriva bientôt et entra dans la chambre où nous étions tous réunis. Alors, M. Surville nous fit passer tous (sauf le monsieur de Carcassonne) dans un cabinet ; il magnétisa la somnambule, et moi-même lui posai ensuite les questions que je désirais élucider. Elle fut exacte sur tous les points, car aujourd'hui, je puis le dire, je n'ai qu'à me louer d'avoir été trouver M. Surville.

» La séance dura environ une demi-heure: puis la somnambule, une fois démagnétisée, sortit du cabinet pour rentrer dans la salle d'attente, et, pendant tout ce temps, M. Surville n'a pas dit une seule parole à sa somnambule en dehors de ma consultation. »

Bosost, le 15 mars 1874.

François Cazat.

A la suite de cette première preuve, qu'il me soit permis de présenter quelques observations.

Ainsi Vilade dit que je suis resté seul une demi-heure

avec la somnambule. Pourquoi affirme-t-il ainsi une chose qu'il n'a pas vue ? On sait que cette demi-heure a été employée à donner deux consultations à M. Cazat, ainsi qu'il ressort de la pièce ci-dessus reproduite.

Pourquoi M. Vilade n'a-t-il pas ajouté dans sa déposition que j'étais resté seul avec la somnambule une autre demi-heure avant de donner aussi cette première consultation ? Au moins, s'il avait dit cela, la chose qu'il veut faire ressortir aurait paru beaucoup plus logique.

Je demanderai encore à Vilade si, pendant cette demi-heure, je pouvais être en deux endroits différents, être avec lui et en même temps avec M. Cazat ?

Il a attendu, parce qu'il y avait avant lui un autre consultant. Est-ce que chacun n'attend pas son tour dans tous les cabinets de praticiens ?

Si j'étais obligé d'avoir recours à un procédé aussi ridicule que de faire attendre une demi-heure chaque client pour catéchiser une somnambule, il est probable que je n'aurais pas une clientèle aussi nombreuse ni aussi étendue.

De plus, il s'étonne que la somnambule ait répété ce qu'il m'avait déjà dit auparavant.

Ceci est encore une erreur. En présence de M. Cazat, il avoue avoir porté ses soupçons sur une femme de Carcassonne, et la somnambule lui désigne un homme, exerçant la profession de pick-pocket, comme étant le coupable. Il me semble cependant qu'alors même qu'on serait de Carcassonne, on pourrait établir une différence entre un homme et une femme. Ensuite, lorsqu'il dit qu'il s'est retiré avant la fin de la séance, il fait encore erreur, puisque lui-même m'a avoué être suffisamment renseigné ; qu'il m'a prié d'éveiller la somnambule, et qu'ensuite, sans avoir eu besoin de rien lui réclamer, il m'a payé la consultation avec toutes les apparences d'un homme qui est satisfait.

Il me semble que lorsqu'on agit de la sorte on ne peut pas dire plus tard qu'on a interrompu la séance.

Dans ce cas, pourquoi m'aurait-il payé, du moment qu'il n'était pas satisfait et que la consultation n'était par terminée, puisque je ne lui avais rien demandé ? Non ; évidemment, dans cette circonstance, sa mémoire a manqué de fidélité.

Maintenant, comme conclusion sur ce sujet, j'ajouterai que, alors même, ce qui n'est pas, que la somnambule aurait répété ce que Vilade m'avait déjà confié en arrivant, il n'y aurait rien d'étonnant, par la raison bien simple qu'une somnambule qui est lucide ne peut pas agir différemment que de dire la vérité ; mais comme Vilade n'avait pas consulté d'autres somnambules à Carcassonne, il ne savait probablement pas cela.

Il ne faut pas croire cependant que Vilade ait fermé l'enquête ; non, car elle a duré presque dix mois. Je ne pourrais pas dire jusqu'à quelles limites la police a poussé ses investigations, je ne m'en suis pas occupé le moins du monde ; mais ce que je sais, c'est que de la ville même de Toulouse il y a eu un grand nombre de personnes, choisies dans ma clientèle, qui ont été obligées d'aller déposer chez le commissaire de police et chez le juge d'instruction ; seulement, comme les déposants de Toulouse n'étaient pas du même avis que celui de Carcassonne, tous furent éliminés et on se contenta, faute de mieux, de Néple, de Castelnaudary, et de Vilade, de Carcassonne, tous les deux du département de l'Aude.

Pendant ce temps d'enquêtes et de requêtes, un jour, je rencontrai un bon compatriote, un avocat distingué du barreau de Toulouse, dans lequel j'avais la plus grande confiance. Je lui parlai de mon affaire, et lui expliquai en détail les consultations de Néple et celle de Vilade. Il me répondit : « Je ne vois en votre affaire qu'un brillant succès pour vous et pas autre chose.

» Puisque vous faites du magnétisme depuis vingt ans ; que vous avez agi toujours d'après vos convictions, de bonne foi ; que vous n'avez eu que des succès à enregistrer ; que, dans aucun cas, jamais personne n'a eu à se plaindre de vous (circonstance assez rare, pour un homme qui a été poursuivi tant de fois), je ne comprends pas le but de cette poursuite, je puis vous assurer que vous n'avez rien à craindre pour le moment. »

Je lui fis observer alors qu'ayant eu d'autres procès à Muret et à Toulouse j'avais appris à redouter le jugement des hommes, et combien peu d'uniformité il y avait dans les arrêts de la justice humaine, et, à l'appui de ceci, je lui signalai les cas de mon troisième et de mon quatrième procès. « Oui, me dit-il, quelquefois la justice est boiteuse ; mais en bien appréciant les motifs de l'affaire qui va être appelée actuellement, je ne vois rien qui permette d'établir le délit d'escroquerie qui vous menace. »

Et comme je lui faisais encore des objections sur le prétendu délit, il reprit : « Ce qui écartera le cas de délit dont je viens de vous parler, le voici : C'est que vous avez consulté ces deux individus comme tous les autres clients, de bonne foi, et avec l'espoir de leur donner de bons conseils.

« Il est tout naturel que vous ayez consulté la somnambule pour Vilade et Néple, puisque déjà vous avez réussi dans un grand nombre de cas semblables. A Vilade, la somnambule dit qu'un individu, en allant se faire servir à boire, lui a pris son argent et qu'il n'avait plus à espérer de le retrouver ; elle lui a dit ce qu'elle voyait tout naïvement, naturellement, et avec un caractère de certitude qui ne peut être contesté, à moins qu'il n'ait, depuis ce jour-là, retrouvé son argent, ce qui n'est pas possible, puisque votre somnambule est bonne lucide. La somnambule ne lui a rien fait espérer pour pouvoir établir le délit d'escroquerie. Si elle lui avait dit : vous retrouverez votre argent, mais il me faut deux, trois cents francs, ou bien, il vous faut revenir une deuxième, une troisième et même une quatrième

fois et que ses prédictions ne se seraient jamais réalisées ;
enfin, si vous vous étiez fait remettre en plusieurs reprises
des sommes d'argent, en lui faisant espérer un succès illu-
soire chimérique, que vous n'eussiez agi, en un mot, que
dans le but de lui sortir l'argent de la poche, avec mauvaise foi, oui ; voilà, dans ce cas, il y aurait escroquerie.
Mais ici, rien de tout cela n'a eu lieu ; vous ne lui avez
même rien demandé, vous lui avez donné consultation ;
lorsqu'il est suffisamment renseigné, il vous demande ce
qu'il vous doit, et puisqu'il vous le demande, il reconnaît
donc vous devoir quelque chose, pour votre dérangement et
celui de la somnambule, vous lui répondez franchement :
je prends habituellement dix francs, et il vous les donne,
sans vous faire la moindre observation.

« Je ne vois là-dedans rien qui puisse constituer un délit
d'escroquerie. »

Puis, l'avocat me dit :

« Vous le voyez vous-même, maintenant que je vous
fais comprendre les choses. »

Oui, lui dis-je, je le reconnais.

« Examinons maintenant la consultation que vous avez
donnée à Néple (le patron de barque), continua l'avocat.

» Ici, les choses se sont passées à peu près de la même
manière que précédemment ; la somnambule lui a avoué
qu'il avait perdu son argent et qu'il lui serait impossible
de le retrouver.

» Néanmoins, Néple ayant toujours l'espoir de retrouver
cette somme, a fait des perquisitions, mais qui n'ont abouti
qu'à venir corroborer les prédictions de la somnambule, et
pas autre chose.

» Vous ne lui avez rien fait espérer ; il est même regrettable qu'il n'ait pas suivi les conseils de la somnambule, car
alors il n'aurait pas eu besoin de faire tant de frais et de
recherches inutiles. Il vous remit ensuite dix francs, cinq
pour vous, cinq pour la somnambule. Mais puisqu'il a été

satisfait, que les choses se sont passées absolument comme la somnambule le lui avait dit, je ne reconnais pas plus de délit dans le cas présent que dans l'autre. Aussi, je me permets de vous dire, M. Surville, que vous n'avez pas besoin de vous préoccuper le moins du monde de cette affaire : on ne peut pas vous condamner. »

Après que l'avocat m'eut donné toutes ces explications, aussi logiques que rassurantes, me reconnaissant d'ailleurs moi-même incapable des faits incriminés, j'étais convaincu d'être acquitté.

Enfin, après avoir été appelé auprès de M. Dufour, juge d'instruction, en même temps que les somnambules, je reçus, au mois de mars, près de dix mois après avoir donné la première consultation, la présente assignation.

TRIBUNAL CORRECTIONNEL DE TOULOUSE (HAUTE-GARONNE).

COPIE

L'an mil huit cent soixante-quatorze et le vingt mars,

Nous, Modeste Desclaux, huissier-audiencier au Tribunal de première instance, séant à Toulouse, y résidant, soussigné;

Du mandement de M. le Procureur près le Tribunal de première instance de Toulouse, qui fait élection de domicile au parquet dudit Tribunal, avons exposé à M. Surville (Clovis), officier de santé, habitant de Toulouse, allées Lafayette, 3, qu'il est prévenu de s'être, depuis moins de trois ans, à Toulouse, en employant des manœuvres frauduleuses pour persuader l'existence d'un crédit imaginaire, ou fait naître l'espérance d'un événement chimérique, fait remettre ou délivré des fonds par divers, et notamment par les sieurs Néple, Vilade et autres, et d'avoir ainsi escroqué une partie de la fortune d'autrui, délit prévu et puni par l'art. 405 du code pénal.

C'est pourquoi, lui dénonçant tout ci-dessus, citation lui est donnée pour comparaître, le vingt-cinq du mois courant, à onze heures du matin, pardevant le Tribunal de police correctionnelle de Toulouse, dans une des salles de son palais, pour se voir condamner aux peines portées par la loi, avec dépens, lui déclarant que, faute de comparaître, il sera jugé par défaut. Et au susnommé, en son domicile, à Toulouse, avons laissé cette copie, parlant à la personne de son concierge.

Coût : soixante centimes.

DESCLAUX.

Comme moi, les somnambules, Mme Almoudy et Mlle Clarisse, reçurent, l'une et l'autre, une copie à peu près semblable, pour comparaître, le même jour et pour les mêmes motifs, pardevant le même tribunal. N'ayant pas devant elles dix longs mois pour se préparer, mais tout au plus quatre ou cinq jours, les somnambules s'empressèrent de choisir un avocat pour leur défense.

Pour moi, je dois le dire, je faisais si peu d'attention à cette affaire (je croyais qu'il n'y avait dans mon cas rien de répréhensible et j'étais rassuré d'ailleurs par l'explication qui m'avait été donnée sur mon affaire peu de temps auparavant) que je n'avais pas l'intention de prendre un avocat, car je me disais, un peu plus ou un peu moins de vent soufflé dans les oreilles des juges, cela ne fera pas grand chose. Néanmoins, je cédai aux arguments de quelques personnes, qui me dirent que pour mourir selon les formes on fait ordinairement appeler un médecin, et que, pour gagner une cause selon la règle, il fallait prendre un avocat. Pour cela, mon choix était déjà fait, et le jour indiqué je me rendis au tribunal avec l'avocat qui m'avait, dans cette circonstance, persuadé que l'on ne pouvait pas me condamner.

TRIBUNAL CORRECTIONNEL DE TOULOUSE

Présidence de M. Doumenjou

Audiences des 25, 26 et 27 mars 1874.

Comme le procès s'est continué pendant trois jours consécutifs, je vais annoncer les faits qui se sont passés dans chacune de ces audiences.

Première audience du mardi 25 mars. — Audition des témoins.

TÉMOINS A CHARGE

Premier témoin. — Le nommé Dalous, commissaire de police, à la halle aux grains. Il n'est pas nécessaire, je crois, que je donne *in extenso* la déposition de ce témoin; il n'a fait que résumer les faits relatifs à Vilade et particulièrement à Néple, touchant les fouilles qu'il fit à l'intérieur et à l'extérieur de la barque, sans avoir trouvé, dit-il, absolument rien. Ici mon défenseur demanda au commissaire, pour confirmer sans doute la prédiction faite auparavant par la somnambule, s'il n'aurait pas trouvé entre autres choses une boîte de fer-blanc et un pot de cendres. Le commissaire, en ce moment, je ne sais par quel motif, ne répondit pas; mais l'avocat ayant insisté, il répondit aussitôt :

« Mais oui, mais oui, il y a de ça dans toutes les barques (1): nous avons regardé ces choses-là, mais il n'y avait rien dedans. »

(1) Il y a de çà dans toutes les barques, dit le commissaire, comme s'il en avait été certain et, absolument, comme s'il les avait toutes visitées. Voilà au

Deuxième témoin. — Néple, le patron de barque. Il rappela à peu près tous les faits que j'ai déjà mentionnés à la reproduction de la consultation somnambulique. Je n'ai donc pas à les reproduire ici.

Néple, pour mieux faire comprendre les choses, ôta, à un moment donné, son paletot, le mit sur le bras, afin de démontrer aux juges de quelle manière le portefeuille avait pu tomber, et en même temps il ajouta :

« Je jure que dans cette consultation je n'avais absolument rien confié ni à M. Surville ni à la somnambule et que, malgré cela, elle a été exacte sur tout ce qui s'était passé. »

A cette vive affirmation, le ministère public s'écria :

« Néple se trouve encore sous le charme de la consultation..... »

Comme il y avait près de dix mois que ce fait avait eu lieu, Néple oublia de déposer sur des particularités qui auraient établi la lucidité de la somnambule. Je le regrette, mais je ne les rappellerai pas ici pour ne pas ennuyer le lecteur.

Troisième témoin. — Néple (le cousin du précédent). Ce témoin dépose qu'il avait assisté à la deuxième consultation, que la somnambule avait raconté beaucoup de choses qui étaient exactes, mais que pour les faits relatifs à la bouteille, il supposait que la somnambule s'était trompée et qu'il ne croyait pas qu'un louis de vingt francs put passer dans l'ouverture d'une bouteille (1), ni même qu'une bou-

---

moins une affirmation risquée. Seulement, pour ma part, je doute beaucoup de sa réalité, et s'il m'était permis, comme à d'autres, de faire la contre-épreuve de ce qu'il avançait à ma charge, je crois qu'il serait loin d'avoir aussi bien prédit les choses que la somnambule.

(1) Si, dans l'intérêt d'une impartiale justice, le témoin, avant de venir déposer sur un point aussi délicat et aussi essentiel, avait au moins, comme moi, fait l'expérience du fait, dans ce cas, il aurait pu constater que c'était lui qui était dans l'erreur et non la somnambule.

Comme la déposition d'un témoin est sacrée, cette simple négation des faits a été pour moi et la somnambule la charge la plus accablante.

teille put rester sous l'eau; qu'il avait d'ailleurs fait observer à la somnambule que c'était là une chose impossible et
que, malgré cela, elle avait persisté dans ses affirmations.

Quatrième témoin. — Le sieur X..., patron de barque sur
le canal. Le témoin dépose que Néple, lorsqu'il revint de
consulter la somnambule, le désigna comme l'auteur du vol,
non pas nominativement, mais en le dépeignant de pied en
cap... Alors, M. le président lui demanda s'il se reconnaissait
dans le portrait du soi-disant coupable fait par la somnambule.

M. X... — « Eh ! voyez, M. le juge, je ne puis pas me
tenir, je suis très faible, j'ai un battement de cœur et un
vésicatoire sur le côté; je me trouve donc dans les conditions indiquées dans la consultation somnambulique. Or,
comme je ne suis point coupable, j'ai demandé au commissaire de police de faire une perquisition dans ma barque
pour me justifier et enlever tous les doutes que Néple pouvait avoir contre moi. »

Cinquième témoin. — Vilade, de Carcassonne. Ce témoin,
après avoir été appelé à faire sa déposition, se mit à parler;
mais comme il n'élevait pas assez la voix, on lui fit recom-
mencer sa déposition d'un ton plus intelligible.

Vilade se reprit trois ou quatre fois, ne disant jamais les
choses de la même manière. Il était fort difficile de comprendre sa déposition; moi, qui étais presque à côté de lui,
je ne sais pas ce qu'il dit. Il est probable qu'il ne fit que
confirmer sa première déposition, qui figure dans la procé-
dure, et dont j'ai déjà parlé en donnant les détails de sa
consultation.

Sixième témoin. — Madame veuve Icard, de Toulouse,
place du Marché-au-Bois. Sa déposition consiste en [ceci :
« Que son mari était malade depuis quelques temps, et
qu'ayant fait tout son possible pour le guérir, voyant qu'il
allait toujours de plus en plus mal, elle se décida à consul-

11

ter la somnambule de M. Surville, qui lui décrivit sa maladie. »

Puis, s'adressant à la somnambule, elle lui fit cette demande :

» Dites-moi, Mademoiselle, pouvez-vous guérir mon
mari ? »

La somnambule lui répondit :

« Le traitement que je vous ordonne le soulagera un
peu ; mais pour le guérir, je ne puis pas vous le promettre. »

Mme Icard termine sa déposition en disant : « Mon mari
succomba quelques jours après la consultation, mais loin de
moi la pensée que le traitement de la somnambule lui ait
fait du mal. »

Septième témoin. — Mme Anne Laffont, de Toulouse, déclare ce qui suit : « Ma fille étant tombée malade d'une affection de poitrine qui la retenait dans son lit depuis quelque temps, je fus prier M. Surville de venir la traiter par
le magnétisme.

» M. Surville endormit ma fille à la première séance, et
elle-même se prescrivit, pendant son sommeil magnétique,
tout ce qui convenait à sa maladie, fixa même l'époque de
sa guérison. Ainsi, sans avoir fait autre chose que ce qu'elle-
même s'était ordonnée, elle fut guérie dans l'espace de huit
jours, comme elle-même l'avait prédit.

» Je n'ai qu'à me louer de M. Surville. »

Huitième témoin. — Mme Bes, de Toulouse, dépose : « Que
son mari se trouvait depuis très longtemps atteint d'une
maladie fort grave, réputée même incurable, et qu'après
avoir pris quelques consultations, au moyen de la somnambule de M. Surville, son mari guérit radicalement et que,
depuis cinq ans, il se porte très bien, grâce au traitement
prescrit par la somnambule. »

Neuvième témoin. — M. Fontan, propriétaire à Toulouse,
dépose ce qui suit : « Je fus atteint, en **1871**, d'une maladie

fort grave, qui m'avait occasionné une faiblesse dans tous les membres, des attaques avec perte de connaissance, du délire, du découragement, des douleurs de tête très fortes, des bourdonnements d'oreilles, avec surdité complète; enfin, j'étais si gravement malade que plusieurs médecins me considéraient comme voué à une mort prochaine.

» Dans cet état désespéré, et la médecine ordinaire ne me produisant aucun soulagement, ma famille se décida à consulter M. Surville, médecin, et sa somnambule. Au bout de trois ou quatre consultations, et après avoir suivi en tous points le traitement prescrit, j'ai pu me rendre auprès de M. Surville, pour consulter moi-même sa somnambule, laquelle, dans son sommeil magnétique, me promit une guérison prompte et radicale.

› Et, en effet, Messieurs les juges, après avoir suivi un traitement bien régulier pendant quatre mois, toutes mes douleurs, mes attaques, et ma surdité disparurent. Maintenant, comme vous voyez, je me porte bien, absolument comme si jamais je n'avais été malade. »

Dixième témoin. — M. Paul Thomas, rentier à Toulouse. Sa déposition est la suivante : « Vers le milieu de l'année 1867, ma femme souffrait de douleurs de matrice avec une complication de gastrite qui la faisait considérablement souffrir et maigrir, avec perte d'appétit.

» Je lui conseillai d'aller prendre une consultation de la somnambule dirigée par M. Surville.

› Nous y fûmes, et, quelques jours après le traitement indiqué par cette lucide, elle se rétablit entièrement; tous les symptômes fâcheux disparurent, l'appétit revint avec l'embonpoint.

› Pendant la même année de 1867, ayant été moi-même affecté d'un embarras gastrique, avec perte complète d'appétit, je réclamai le secours de la même somnambule, et je fus promptement guéri.

» Dans d'autres indispositions, j'ai usé des mêmes moyens et les résultats ont été toujours favorables. »

Ensuite, M. Thomas déclara au tribunal que lui-même était un fervent adepte du magnétisme et que, depuis 1830, il avait étudié et approfondi cette science ; qu'il avait, pendant ce long espace de temps, observé des phénomènes très prodigieux. M. Thomas voulut rapporter quelques-uns des faits les plus remarquables qu'il avait observés dans le temps, mais M. le président le pria de presser sa déposition.

M. Thomas répondit en disant :

« Je termine, M. le président. Vous devez bien avoir connaissance du rapport fait à l'amirauté anglaise par les médecins et les capitaines qui naviguaient dans les mers de la Polynésie. N'avez-vous pas lu dans ces rapports que ce sont les savants civilisés qui réclament les secours des sauvages (hommes de la nature) pour guérir leur équipage des paralysies, etc., et notamment des fractures qui étaient soudées en huit jours ? » M. le Président pria de nouveau le témoin d'abréger, mais il y avait un autre juge qui observait avec intérêt la digne figure de l'homme savant et respectable qui parlait et qui engagea M. le Président à vouloir bien le laisser continuer. Le témoin reprit : « Messieurs les juges, je termine en vous disant qu'il y a longtemps que je connais M. Surville pour sa bonne réputation et pour sa remarquable probité. Il y a une personne honorable qui m'a confié que M. Surville avait refusé, dans une circonstance, un legs de 20,000 francs, qu'un malade, reconnaissant de son dévouement, voulait lui donner. »

Onzième témoin. — Mme Jeanne Mermillot, de Lautignac, dépose qu'elle a consulté la somnambule Almoudy pour avoir des nouvelles de son oncle, que l'on croyait mort. Depuis dix-huit ans qu'il était parti, sans jamais donner de ses nouvelles, elle désira savoir, au moyen de cette lucide, où il était et s'il était réellement mort. La somnambule lui apprit que son oncle était de retour d'Amérique : « Je vois votre oncle à Paris dans une grande maison de minoterie. Ecrivez à telle adresse et vous aurez de ses nouvelles. »

Mme Mermillot, après avoir été informée par la somnambule, de la ville, de la rue et du numéro, écrivit à son oncle, à Paris, et peu de jours après, elle reçut une réponse de son parent qui confirmait la réalité de ce que la lucide lui avait annoncé.

Douzième témoin. — Mme veuve Fauré, bouchère à Toulouse. Cette dame a déposé, qu'au mois de novembre 1868, elle avait perdu une somme d'argent, et qu'après que la somnambule lui eût désigné l'endroit où il était caché elle le retrouva (1).

Treizième témoin. — Mlle Mercier (F.....), de Flourens. Ce témoin fit la présente déposition : « A l'époque de notre dernière guerre avec la Prusse, j'avais un frère qui était au service, et comme il n'avait pas écrit depuis cinq mois, je craignais qu'il ne fut mort. Un jour, mon père et moi, nous fûmes à Toulouse, chez M. Surville, pour consulter sa somnambule, et après qu'elle fut magnétisée, ayant en main un gage appartenant à mon frère, elle nous dit qu'il n'était pas mort, et qu'elle le voyait prisonnier en Silésie, au Grand-Glogo ; que, dans quinze jours, nous re-

---

(1) « Je soussignée veuve Fauré, bouchère à Toulouse, rue Marengo, déclare qu'au mois de novembre 1868, j'avais perdu une somme d'argent. Je croyais l'avoir perdue au dehors et que quelqu'un l'avait trouvée ; malgré cela, je l'avais cherchée dans l'intérieur de ma maison, dans tous les endroits où j'avais l'habitude de serrer mon argent. Toutes les recherches furent infructueuses, et j'avais presque abandonné tout espoir, lorsque l'idée me vint d'aller trouver M. Surville, pour magnétiser Mme Méjean, somnambule, à laquelle j'accordais une grande confiance. La consultation se fit immédiatement et l'expérience eut un plein succès, car la somnambule découvrit l'endroit où l'argent se trouvait caché. Elle énuméra les pièces, les billets, et désigna l'endroit où le tout se trouvait renfermé. »

Ce que je certifie sincère et véritable.

Ve Fauré.

Toulouse, 10 mai 1870.

cevrions une lettre de lui, nous demandant des effets d'hiver et particulièrement un tricot. Tout ce que la somnambule nous dit fut exact : mon frère, aujourd'hui de retour, nous a confirmé l'exactitude des choses. »

Voilà la reproduction exacte des dépositions faites par les témoins qui ont été appelés dans cette affaire.

Deuxième audience du jeudi 25 mars.

PLAIDOIRIE DES AVOCATS

Un nombreux auditoire avait envahi de bonne heure la chambre du tribunal de police correctionnelle. Dans le nombre, il y avait beaucoup d'apôtres fervents du *magnétisme* qui attendaient l'heure solennelle de la fin des débats et comptaient sur un bon résultat.

A l'ouverture de l'audience, mon défenseur prit la parole. A raison de l'étendue de sa plaidoirie, malgré son caractère solide et remarquable, je me contenterai d'en donner ici une succincte analyse.

Mon avocat ayant donné des explications sur le magnétisme et le somnambulisme ; après qu'il eut fourni des preuves suffisantes sur l'utilité de cette science, me signala comme un laborieux pionnier du magnétisme, et dit :

« Il a abandonné la charrue pour l'étude, et ne doit sa position qu'à ses efforts persévérants. Sa bonne foi, à laquelle la justice a rendu hommage par le jugement d'acquittement de 1865, résulte des termes de ses écrits et a pour garantie les dépositions des témoins entendus. Son désintéressement est remarquable ; il a refusé un legs de 20,000 francs que lui avait fait un client reconnaissant.

» Loin de flétrir un modeste précurseur de ceux qui synthétiseront et formuleront les principes de cette science appelée à répandre tant de bienfaits sur l'humanité, il faut l'encourager, c'est-à-dire l'absoudre et le rendre à ses expériences et à la liberté.

» Messieurs les juges, je vous présente M. Surville comme un parfait honnête homme, infatigable travailleur, appelé à rendre un jour des services à l'humanité, par ses études et par ses travaux utiles; un homme, dont la conviction inébranlable dans le magnétisme, qu'il pratique depuis près de vingt ans, prouve qu'il est de bonne foi et ne peut être un vulgaire escroc. »

Le jeune défenseur des deux somnambules, Mme Almoudy et Mlle Heuillet, fit preuve aussi d'une remarquable érudition. Dans ses incursions habiles, il passa rapidement en revue les thaumaturges, depuis l'époque de Socrate jusqu'à nos jours, parlant de son démon familier, des pythonisses et du somnambulisme.

Il revendiqua d'abord pour Mlle Heuillet le bénéfice de la renonciation aux poursuites, faites sur l'audience par le ministère public.

S'appuyant de l'autorité du jugement d'acquittement de 1865, il dit qu'il n'est pas plus étrange de découvrir un trésor, une somme perdue, que de trouver dans le corps d'un malade le secret de sa santé; que l'un est aussi coupable ou aussi innocent que l'autre.

Il fit observer au tribunal que Mme Almoudy exerce depuis vingt ans la profession de somnambule; qu'elle a, en Italie, servi de sujet aux célèbres professeurs de physique, le docteur Mathéochi et Lafontaine; qu'elle a opéré de très bonne foi, et que, de plus, livrée au sommeil magnétique, elle est inconsciente de ses actes et de ses réponses.

Troisième audience du vendredi 29 mars 1874.

JUGEMENT.

En audience publique du tribunal correctionnel de Toulouse,

Entre M. le procureur de la République

Et, 1° Le nommé Surville,

    2° Veuve Almoudy,

    3° Clarisse Heuillet,

Prévenus d'escroquerie à Toulouse.

La cause appelée, le greffier a fait la lecture des pièces.

Il a été procédé à l'audition des témoins.

Le tribunal continue la cause au 26 mars 1874.

Signé.

Advenue l'audience publique du 26 mars 1874.

Présents et opinants les mêmes magistrats.

La cause appelée, il a été procédé à l'interrogatoire des prévenus.

Ouï M. Labroquère, substitut du procureur de la République, qui a conclu à ce que les prévenus Surville (Clovis) et Guillaumette-Françoise veuve Almoudy, soient condamnés, conformément à la loi visée, et aux frais, et s'en est rapporté à la sagesse du tribunal, quant à la prévenue Heuillet;

Ouï M° Ferran, avocat de Surville, qui a conclu au relaxe sans frais;

Ouï M. Bellecour, avocat de Guillaumette-Françoise Almoudy et Clarisse Heuillet, qui a conclu au relaxe, sans frais.

Le tribunal renvoie la cause au conseil pour prononcer le jugement, à l'audience du 29 mars 1874.

Signé.

Advenue l'audience publique du 27 mars.

Présents et opinants les mêmes magistrats.

La cause appelée, le tribunal a prononcé, par l'organe de M. le président, le jugement comme suit :

» Attendu qu'il n'appartient pas au tribunal d'expliquer les causes et phénomènes qui se produisent pendant le sommeil magnétique des somnambules ; qu'il ne doit s'occuper que des espèces qui lui sont soumises ; que sa jurisprudence admet la bonne foi lorsqu'il s'agit de consultations médicales ;

» Mais, attendu qu'il doit en être autrement pour les consultations ayant pour objet la découverte de sommes d'argent volées ou perdues ; que l'expérience a démontré que si dans quelques circonstances, soit par un heureux hasard, soit par des combinaisons plus ou moins inexplicables, les indications des somnambules se sont trouvées exactes, il est arrivé presque toujours qu'elles ont échoué et qu'elles n'ont abouti qu'à des recherches infructueuses;

« Attendu qu'il en est ainsi dans les espèces qui font l'objet de la prévention ; qu'en l'admettant, ce qui n'est pas établi lors de la première consultation au témoin Jacques Néple, il n'est pas possible de l'admettre pour la seconde ; que sachant que le premier essai avait été infructueux il consentit à faire une seconde épreuve qui n'eut pour résultat que la ridicule et chimérique indication de cette bouteille renfermant l'or et les billets perdus ou soustraits, bouteille suspendue par une ficelle aux flancs d'un bateau et plongeant dans le canal; qu'il n'y avait dans tout cela qu'un pur effet de l'imagination troublée de la somnambule ;

» Attendu que la consultation donnée au témoin Vilade a été tout aussi impuissante et infructueuse; que, dans cette circonstance, la somnambule ne fit que répéter ce que Vilade avait raconté lui-même, et que celui-ci, voyant qu'elle faisait fausse route et qu'elle s'égarait dans des indicatiions inexactes et purement fantastiques, fit cesser l'opération et

se retira. en payant néanmoins dix francs pour la consultation infructueuse, somme que Surville n'aurait pas dû recevoir ;

» Attendu que de pareilles manœuvres, appliquées à la découverte des auteurs d'un crime ou d'un délit, peuvent être
dangereuses pour la morale et la société et avoir pour résultat de faire planer des soupçons et même une accusation
sur des personnes innocentes, ce qui s'est produit dans l'affaire Néple, puisque le cousin de ce dernier a été désigné
comme détenteur des espèces soustraites ou perdues ; que
la bonne foi du sieur Surville doit être d'autant moins admise
qu'il a déclaré lui-même avoir hésité à se livrer aux expériences de Néple et Vilade, et qu'il dit n'avoir cédé qu'à leur
instance ;

» Attendu que tant que la science n'a pas dit son dernier
mot sur les phénomènes du magnétisme somnambulique la
justice ne peut pas accorder l'impunité à des manœuvres
qu'il doit considérer. comme frauduleuses, parce qu'elles ont
pour objet, de la part du magnétiseur. de se faire remettre
un salaire immérité, salaire qui, dans la cause, s'est élevé à
30 francs ;

» Attendu que si la bonne foi est incontestable chez ceux
qui, pour le développement de la science, se livrent à des
expériences sérieuses et désintéressées. il n'en est plus de
même pour ceux qui cherchent. dans les phénomènes d'une
science incertaine et encore peu connue, un moyen de lucre
et de bénéfices :

» Que la question de bonne ou de mauvaise foi restant alors
entière, l'examen du tribunal doit être plus sévère lorsqu'il
s'agit d'un prévenu qui, par son titre d'officier de santé,
peut plus facilement en imposer à la crédulité de personnes
peu instruites :

» Attendu que Surville, au lieu de restreindre l'emploi du
magnétisme à la guérison des malades, s'en est également
servi pour promettre, moyennant salaire, de faire retrouver

les objets perdus ou volés ; qu'il y a là un manque de dignité professionnelle qui vient à l'appui des autres preuves de mauvaise foi ;

» En ce qui concerne la prévenue Clarisse Heuillet :

» Attendu qu'elle est étrangère aux deux faits incriminés ; qu'elle n'y a pris aucune part ni directement ni indirectement ; qu'elle est donc en voie de relaxe ;

» En ce qui touche la dame veuve Almoudy :

» Attendu que cette prévenue exerce depuis vingt ans le somnambulisme, qui est devenu pour elle une profession ; qu'elle a servi de médium aux magnétiseurs les plus célèbres sans jamais être poursuivie par la justice ; qu'elle n'est que l'instrument aveugle de celui qui lui communique le fluide magnétique ; qu'il est certain, en effet, et reconnu par la science, que la somnambule n'a pas conscience des paroles qu'elle prononce pendant le sommeil magnétique et qu'après son réveil elle n'en conserve aucun souvenir ; que, dans l'espèce, la bonne foi de la prévenue est évidente et doit motiver son relaxe ;

» Sur l'application de la peine au seul prévenu, déclaré coupable :

» Attendu qu'il existe en sa faveur des circonstances atténuantes, uniquement puisées dans le peu de bénéfices et le modique salaire qu'il a obtenu pour les deux faits d'escroquerie relevés contre lui,

» Par ces motifs :

» Le tribunal, jugeant publiquement, contradictoirement, en matière correctionnelle et en premier ressort, a relaxé et relaxe Clarisse Heuillet et Guillaumette-Françoise, veuve Almoudy, des fins de la plainte dirigée contre ces deux prévenues ;

» Déclare, au contraire, Clovis Surville atteint et convaincu d'avoir, en juillet et en décembre 1873, à Toulouse, en employant des manœuvres frauduleuses pour persuader l'existence d'un pouvoir imaginaire et faire naître l'espérance d'un succès chimérique, obtenu, en deux fois, vingt francs du sieur Néple, et en une fois, dix francs du sieur Vilade, et d'avoir ainsi escroqué partie de la fortune d'autrui ;

» En réparation de quoi, le condamne à cent francs d'amende et aux dépens, par application des articles 405 et 463 du Code pénal ci-après transcrits et lus à l'audience ;

» Fixe à un mois la durée de la contrainte personnelle pour le recouvrement de l'amende.

» Art. 405. . . . .

» Art. 463. . . . .

» Les frais liquidés à cent vingt-quatre francs soixante-douze centimes, non compris l'enregistrement du présent jugement et y compris trois francs pour droits de poste.

« Signé. »

Que dire après cela ? Rien ! Lorsque la justice a parlé, il faut courber la tête et se taire.

> Tel on voit un faible roseau,
> Qu'un souffle impétueux agite,
> Plier sous le vent qui s'irrite
> Pour se relever de nouveau.

XIV

Appel à mon cinquième procès, relevé par le Ministère public.

Le jugement qui venait d'être rendu par le tribunal de police correctionnelle, sur trois prévenus poursuivis en

même temps pour les mêmes délits, n'avait donc reconnu
que moi, magnétiseur, de coupable.

Malgré ce revers, j'avais encore cette douce consolation de
voir l'acquittement des somnambules.

Je me résignai donc, quoiqu'il me semblât que ma cause
dut mériter un meilleur sort. Il n'en parut pas de même au
Ministère public, attendu qu'il frappa d'appel ce malheureux
jugement.

Le 1er mai, alors que pour moi cette affaire était déjà ou-
bliée, je recevais, à mon domicile, l'assignation ci-dessous :

COPIE D'APPEL

L'an mil huit cent soixante-quatorze et le premier mai ;

Nous, B. Larrieu, huissier-audiencier au tribunal civil
près la Cour d'Appel de Toulouse, y demeurant, soussigné ;

A la requête de M. le procureur général près la Cour
d'Appel de Toulouse, où il fait élection de domicile, au parquet de ladite Cour, avons, par le présent, cité le sieur
Clovis Surville, officier de santé, et Guillaumette-Françoise,
veuve Almoudy, sans profession, domiciliée à Toulouse,
pour comparaître le jeudi sept mai courant, jours suivants
et utiles s'il y a lieu, à onze heures du matin, pardevant
et à l'audience de la Cour d'Appel, séant à Toulouse (chambre des Appels de police correctionnelle), dans le lieu ordinaire de ses séances, au palais de ladite Cour, place de la
Monnaie, pour y venir voir statuer sur l'appel relevé, le
quatre avril dernier, par le Ministère public, envers un
jugement rendu, le vingt-sept mars dernier, par le tribunal
de police correctionnelle de Toulouse, qui condamne à
cent francs d'amende et aux frais ledit sieur Surville, pour
délit d'escroquerie, et relaxe ladite veuve Almoudy du délit
de complicité d'escroquerie.

Baillé cette copie audit Surville, en son domicile à Toulouse, parlant à la personne de sa servante.

Coût : soixante centimes.

LARRIEU.

Visé pour timbre et enregistré en débet à Toulouse, le.....

ARRÊT DE LA COUR D'APPEL DE TOULOUSE

L'an mil huit cent soixante-quatorze et le sept mai,

La chambre des Appels de police correctionnelle de la
Cour d'Appel de Toulouse a rendu, en audience publique,
l'arrêt dont la teneur suit :

Présents : M. Tourné, président; Bérigaud, Gasqueton,
Déjean, Sarrans, Auzies, Puiségur et Amilhau, conseillers.

Mᵉ Lacointa, avocat général.

M. le Procureur de la République près le tribunal de première instance de Toulouse, appelant d'un jugement rendu
par ce tribunal, en séance de police correctionnelle, le vingt-
sept mars mil huit cent soixante-quatorze, qui condamne
Clovis Surville, âgé de trente-neuf ans, officier de santé, né
à Gratens, arrondissement de Muret (Haute-Garonne), habitant à Toulouse, convaincu d'escroquerie, à cent francs
d'amende et aux frais, et fixe à un mois la durée de la contrainte personnelle pour le recouvrement de l'amende.

Lequel jugement relaxe des fins de la plainte, pour complicité du délit d'escroquerie, Françoise Guillaumette, veuve
Almoudy, âgée de trente-cinq ans, sans profession, née à
Four, arrondissement de Nevers (Nièvre), habitant à Toulouse.

Contre lesdits Surville et veuve Almoudy :

La cause appelée, les prévenus présents;

Ouï les prévenus dans leur interrogatoire;

Ouï le rapport de M. le conseiller Bérigaud;

Ouï Mᵉ Lacointa, avocat général, qui a requis la Cour de prononcer une condamnation contre la veuve Almoudy, et une peine corporelle contre Surville ;

Ouï Mᵉ Ferrand, avocat de Surville, qui a conclu au démis de l'appel par le ministère public ;

Ouï Mᵉ Bellecour, avocat de la veuve Almoudy, qui a pris les mêmes conclusions :

Attendu que les faits soumis à la Cour ne sauraient engager devant elle une question scientifique, complétement étrangère à ses attributions ; qu'il s'agit d'apprécier purement et simplement si ces faits présentent les caractères du délit d'escroquerie et de complicité de ce même délit ;

Attendu, en premier lieu, que Vilade a été évidemment, depuis moins de trois ans, la victime d'une mise en scène organisée par les deux prévenus, dans le but de se faire remettre une somme de dix francs ; qu'il résulte, en effet, de l'information et des débats, que Surville a consacré là vingt-cinq minutes pendant lesquelles il est resté seul, avec la femme Almoudy, à lui communiquer tous les détails que Vilade venait de lui raconter sur le vol commis à son préjudice ; que les réponses de la prétendue somnambule prouvent qu'elle simulait le sommeil magnétique, puisqu'elle se borne à répéter textuellement la leçon que venait de lui faire son co-prévenu ; que cette simulation constitue au plus haut degré la manœuvre frauduleuse caractéristique du délit d'escroquerie ; qu'elle a eu d'ailleurs pour but et pour effet de persuader Vilade que les deux prévenus avaient un pouvoir imaginaire et de le déterminer à payer un salaire qui ne leur était pas dû ;

Attendu que ces faits, ainsi appréciés et qualifiés, concouraient à établir les habitudes frauduleuses des prévenus qui exploitent audacieusement à Toulouse la crédulité publique ; que c'est par suite de la notoriété qu'ils y ont acquis que Jacques Néple a été amené à se présenter, le neuf juillet dix-huit cent soixante-treize dernier, chez la femme Almoudy ;

que cette dernière, étant parvenue, avec son habileté ordinaire, à savoir, par les propos confidentiels dudit Néple, qu'il avait perdu la veille une somme de onze cent dix francs composée d'or et de billets de banque, lui répondit ces paroles significatives : « Votre affaire est délicate, je ne puis vous donner les renseignements que vous désirez connaître qu'avec le concours de Surville : cela vous coûtera dix francs ; »

Attendu que les deux consultations qui ont suivi cette première visite n'ont été que la reproduction des moyens frauduleux à l'aide desquels les prévenus avaient escroqué une somme de dix francs à Vilade ; que par la simulation du sommeil magnétique, qui aurait été communiqué par Surville à la femme Almoudy, ils ont fait naître dans l'esprit de Néple l'espérance chimérique de retrouver l'argent qu'il avait perdu et se sont fait remettre, à l'aide de cette manœuvre frauduleuse, la somme de trente francs ;

Attendu que la gravité des délits dont les deux prévenus sont reconnus coupables, Surville comme auteur principal et la femme Almoudy comme complice, pour avoir aidé et assisté avec connaissance l'auteur principal dans les faits qui les ont préparés, facilités ou consommés doivent déterminer la Cour, tout en reconnaissant qu'il existe en leur faveur des circonstances atténuantes, à prononcer une peine assez sévère ; que la discussion des premiers juges doit donc être réformée en ce qui touche Surville, relativement à l'application de la peine, et en ce qui touche la femme Almoudy, parce qu'elle a prononcé son relaxe,

Par ces motifs :

La Cour, disant droit à l'appel relevé par le ministère public envers le jugement rendu par le tribunal de police correctionnelle de Toulouse le vingt-sept mars dix-huit cent soixante-quatorze,

Réforme ledit jugement, ce faisant déclarer: 1° Clovis Surville, atteint et convaincu d'avoir, en juillet et décembre dix-huit cent soixante-treize, à Toulouse, en employant des manœuvres frauduleuses pour persuader l'existence d'un pouvoir imaginaire et faire naître l'espérance d'un événement ou d'un succès chimériques, obtenu en deux fois vingt francs du sieur Néple et en une fois dix francs du sieur Vilade, et d'avoir ainsi escroqué partie de la fortune d'autrui ;

2° Guillaumette Françoise, veuve Almoudy, de s'être rendue complice des deux délits susvisés et qualifiés, pour avoir aidé et assisté avec connaissance ledit Surville dans les faits qui les ont préparés, facilités ou consommés ;

Dit néanmoins qu'il existe des circonstances atténuantes en faveur des deux prévenus ;

En réparation de quoi, les a condamnés et condamne : Clovis Surville à trois mois d'emprisonnement, et Guillaumette-Françoise Almoudy à un mois de la même peine ;

Les condamne, en outre, solidairement, aux frais envers l'Etat, liquidés à la somme de cent soixante-deux francs trente-cinq centimes, le tout par application des art. 59, 60, 405, 463 du code pénal et 194 du code d'instruction criminelle, dont lecture publique a été faite à l'audience par M. le Président et qui sont ainsi conçus :

. . . .
. . . .

Ordonne que le présent arrêt sera mis à exécution à la diligence du procureur général.

Fait et présenté les jours, mois et an, aux susdits.

> Tourné, Bérigaud, Gasqueton, Dejean, Sarrans, Auzies, Puisségur et Amilhau.

> Pifteau, *com. gref.*, signé.

Enregistré.....

Voici ce que disait La Fontaine en parlant de la loi :

> Selon que vous serez misérable ou puissant,
> Les jugements de cour vous rendront noir ou blanc.

XV

Conclusion sur les deux jugements et assentiment de M· Collet, grand-maître de l'ordre des avocats du barreau de Paris.

Immédiatement après que la Cour d'Appel de Toulouse eut réformé mon premier jugement pour me condamner à la peine afflictive et infamante de trois mois d'emprisonnement, fort de ma conscience, je me pourvus en cassation, dans l'espoir d'échapper aux conséquences d'un jugement aussi excessif qu'imprévu.

Ensuite, je me rendis à Paris, au mois de juillet, pour faire étudier mon procès par plusieurs avocats. C'est ainsi que j'ai consulté M. de Lépée, M. Guyon et M. Collet, qui m'avouèrent, les uns et les autres, qu'on ne pouvait tout au plus faire sur ce procès qu'une brillante plaidoirie, mais que, du moment où ils n'y reconnaissaient aucun vice de forme pouvant entraîner la cassation, il n'y avait pas lieu de pousser plus avant.

Aujourd'hui, je regrette, pour ma propre satisfaction, de ne pas avoir fait plaider tout de même, car j'ai vu des choses si extraordinaires, faites par les uns, défaites par les autres, qu'il me semble que, sous ce rapport, il ne peut y avoir rien d'impossible.

Assentiment de M^c COLLET, grand-maître de l'ordre des avocats du barreau de Paris.

« M. Clovis Surville, médecin à Toulouse, allées Lafayette, 3,

» Reçu officier de santé à la Faculté de médecine de Montpellier, en 1863, M. Surville exerce depuis cette époque, à Toulouse, la profession de médecin.

» Le grand nombre de cures merveilleuses qu'il a opérées, grâce à l'emploi du magnétisme et du somnambulisme, lui a bientôt attiré une clientèle considérable; sa réputation s'est étendue, et en même temps, il a mérité l'estime générale. Il est à remarquer que, depuis le long temps qu'il exerce la médecine magnétique et somnambulique, aucune plainte ne s'est élevée contre lui de la part des nombreuses personnes qui l'ont honoré de leur confiance.

» Mais le succès, en couronnant ses efforts et en récompensant son travail, lui a valu la jalousie et la haine des autres médecins de Toulouse.

» C'est à l'instigation de ceux-ci que M. Surville a été poursuivi, il y a neuf ans, à Toulouse ; — mais il fut acquitté.

» Pendant neuf ans, la malignité de ses adversaires chercha vainement dans la conduite de M. Surville un seul fait qui pût servir de base à une poursuite correctionnelle.

» Deux faits dénaturés et exagérés viennent cette année fournir aux ennemis de M. Surville un prétexte pour le poursuivre. Adonné exclusivement aux études médicales, il ne se sert presque jamais du magnétisme et du somnambulisme dans aucun autre but.

» Cependant, sur les vives instances des sieurs Vilade et Néple, venus tous les deux de fort loin pour avoir recours à lui, il consentit à servir d'intermédiaire pour consulter, sur la recherche d'objets perdus ou volés, la somnambule avec laquelle il travaille.

» Ces consultations données par lui, pour la modique somme de dix francs, n'ont été l'objet d'aucune plainte ni d'aucune dénonciation de la part des deux consultants.

» C'est le ministère public qui a cru devoir poursuivre d'office ces deux faits en les qualifiant d'escroquerie.

» M. Surville sait qu'il ne peut discuter ici la valeur du jugement correctionnel et de l'arrêt qui l'ont condamné.

» Il lui sera toutefois permis de faire ressortir les contradictions qui existent entre ces deux décisions.

» Devant le tribunal correctionnel, les témoins ont été entendus ; on a fait venir les prétendues victimes du délit d'escroquerie, mais aucune déposition n'a pu établir les manœuvres frauduleuses constitutives du délit poursuivi.

» Aussi, c'est au *somnambulisme* et au *magnétisme* lui-même que le tribunal a fait le procès. D'après le jugement, les consultations médicales ne sont pas répréhensibles ; mais il en est autrement des consultations ayant pour objet la découverte de choses perdues ou volées. — Pourquoi cette distinction ? C'est ce qu'il est impossible d'expliquer, du moment où l'on prétend que la science est encore incertaine sur les phénomènes du magnétisme.

» Aussi le tribunal a-t-il été amené à examiner ces consultations, à raison de leurs résultats, et c'est parce qu'il les a déclarées infructueuses qu'il a cru y trouver les manœuvres frauduleuses prévues et punies par les art. 405, code pénal. Il a, en conséquence, condamné M. Surville à 100 francs d'amende.

» Le ministère public ayant fait appel devant la Cour, le système a changé. Ce n'est pas parce que le sommeil somnambulique n'a pas révélé aux sieurs Vilade et Néple la vérité sur les choses perdues par eux que M. Surville est répréhensible, c'est parce que, selon l'arrêt, le sommeil aurait été simulé.

» Où trouve-t-on la preuve de cette simulation ? — Ce n'est pas dans les dépositions écrites, qui n'en disent rien ; ce n'est pas davantage dans le témoignage oral, car aucun témoin n'a été entendu devant la Cour. C'est parce que, selon l'arrêt, les réponses de la somnambule n'ont fait que répéter textuellement la leçon que Surville lui avait faite quand il était *seul* avec elle.

» Mais, fût-il vrai que Surville ait été seul avec la somnambule, ce qui n'est pas exact, comment pourra-t-on savoir ce qu'ils ont pu dire dans cet entretien sans témoins ? Comment affirmer que la somnambule n'a fait que répéter textuellement une leçon, quand cette leçon lui a été donnée par Surville *resté seul* avec elle ?

» Et cependant, c'est sur cette étrange allégation que repose toute la preuve de la simulation du sommeil, et cette simulation constitue à elle seule la manœuvre frauduleuse incriminée.

» La Cour a réformé le jugement, quant à l'application de la peine, et condamné M. Surville à trois mois d'emprisonnement.

» Cependant, rien dans son passé ne justifie la sévérité avec laquelle il a été frappé. Il a exercé la médecine magnétique et somnambulique au vu et au su de tout le monde. Si l'emploi de ce système constitue à lui seul un délit punissable, que l'on ajoute une disposition au code pénal : les progrès de la science se chargeront bien vite de démontrer l'iniquité d'une pareille disposition. »

Voilà donc, chers lecteurs, l'appréciation sincère d'un homme compétent. Je suis persuadé que la généralité des personnes qui liront ces quelques lignes ne penseront pas autrement que lui.

XVI

Prison.

Selon les conseils que j'avais été prendre à la capitale et notamment auprès de M. Collet, je retirai mon pourvoi en cassation, et après avoir payé l'amende exigée en pareil cas, je rentrai au plus vite dans notre ville de Toulouse, la

savante et la catholique, comme on l'appelle, fermement
résolu à subir ma peine.

Un peu remis de ma nouvelle déception, je me dirigeai
un jour vers la maison d'arrêt dans l'intention de me constituer prisonnier.

Seulement, comme j'ignorais toutes les formalités requises
(c'était la première fois que j'allais subir une peine corporelle) (1) et ne m'étant pas nanti d'un ordre d'écrou, on ne
voulut point me recevoir. Je me retirai avec ce refus qui,
du reste, m'était fort peu sensible. Ayant pris des informations, on me dit qu'il me fallait adresser ma demande au
procureur de la République, ce que je fis. Comme au bout de
huit ou dix jours je n'avais pas reçu de réponse, je me décidai à prendre de nouveaux renseignements auprès de personnes qui, à raison de leur profession, auraient dû être
fixées à ce sujet. Elles me dirent que comme mon affaire
avait été appelée à la Cour, je devais écrire au procureur
général. J'écrivis donc au procureur général : mais c'était
encore une fausse manœuvre; ma lettre, comme la première,
resta sans réponse. Enfin, la troisième fois, je parvins à
avoir des données précises : c'était à M. le Préfet qu'il fallait m'adresser, et c'est par son ordre que j'obtins immédiatement satisfaction.

Voici la réponse que M. le Préfet adressa à M. le commissaire central et que ce dernier ne tarda pas à me faire
remettre :

(1) Il y a seize ans, je fus condamné, par le tribunal correctionnel de
Muret, à cinq jours de prison ; mais ayant fait appel immédiatement à Toulouse, que je n'habitais pas à cette époque sous le même titre qu'aujourd'hui,
les juges de la Cour d'Appel m'enlevèrent cette peine.

Aujourd'hui, pour le présent procès, les rôles ont été intervertis; au lieu
d'avoir moi-même fait appel, c'est le ministère public qui l'a demandé et qui
m'a fait condamner.

VILLE DE TOULOUSE

Cabinet du Commissaire central.

Toulouse, le 2 octobre 1874.

Monsieur le Commissaire central,

J'autorise, sur sa demande, M. le docteur Surville, domicilié allées Lafayette, 3, à subir, dans la Maison d'arrêt, la peine de trois mois d'emprisonnement, à laquelle il a été condamné par la Cour d'Appel de Toulouse, pour avoir interrogé une somnambule, à la sollicitation d'un de ses clients.

Recevez, M. le Commissaire central, l'assurance de ma considération distinguée.

Le Préfet,

Signé : Cte DE RAMBUTEAU.

Pour copie certifiée conforme :

Le commissaire central,

DUMAS.

Grâce à cette lettre, je fus écroué sans difficulté.

Commençant ma prison le 7 octobre 1874, je devais être mis en liberté le 7 janvier 1875.

Le premier soir de mon arrivée dans la prison, comme les dortoirs étaient complets, le gardien me conduisit, pour me faire coucher, dans un compartiment où il n'y avait plus personne. Lorsqu'il fut reparti et les portes solidement fermées à clef et verrouillées à double verrou, étant seul entre quatre murs, d'une épaisseur appropriée sans doute à la cir-

constance, dans cette lugubre demeure, je me livrai à quelques réflexions et je me dis : Dans tout autre endroit, être
ainsi logé, on n'aurait rien à craindre des voleurs ; les reli-
ques les plus précieuses ne sont pas mieux gardées que toi ;
par exemple, il faudrait se garder de l'envie de se trouver
mal, dans l'espoir de se faire plaindre et d'avoir un petit
verre de liqueur ou d'eau de fleur d'oranger. Ayant fait ces
réflexions et bien d'autres, je finis par m'endormir d'un
sommeil assez tranquille.

Le lendemain, à la pointe du jour, j'entendis brusquement
à ma porte un bruit de verrou, dont l'écho retentit dans la
chambre comme un coup de canon : c'était le signal du réveil
et je me mis debout. Ensuite, pour ne pas me le laisser dire,
car il est toujours bon d'aller au-devant des choses que l'on
est forcé de faire, je demandai au gardien de me faire travailler ; il me répondit : « Oh ! vous ne devez pas savoir
faire grand chose. Vous travaillerez avec le cuisinier ; comme
médecin, vous surveillerez le régime, médecine et cuisine
tout cela se marie assez bien ensemble ; allez ! partez à la
cuisine ! »

Je m'empressai d'obéir.

Ayant pris mon poste de marmiton en second, pour commencer, je me contentai de regarder faire le cuisinier-chef.
Bientôt une conversation ne tarda pas à s'engager entre
nous sur les motifs de notre incarcération. Lui ayant d'abord
annoncé mon crime, lui aussi m'avoua le sien, en me disant :
« Qu'avant l'époque des vendanges dernières, un matin vers
le lever du soleil, il fut cueillir dans sa propre vigne trois
ou quatre raisins pour les manger à son premier repas. A
son retour, la voisine, qui se trouvait en ce moment devant
sa porte, l'ayant aperçu portant de si beaux fruits encore
assez rares pour la saison, éprouva l'envie d'en manger. Elle
le pria de s'arrêter un instant chez elle afin de pouvoir, s'il
le voulait bien, goûter à ses grappes. »

Notre cuisinier, puisqu'il faut maintenant le nommer ainsi,

s'empressa d'accorder à sa voisine cette simple satisfaction, avec toute la générosité d'un homme galant.

Mais, par hasard, le mari de cette dame se trouvait moins éloigné de ses foyers qu'on ne le supposait. Il entra subitement sur ces entrefaites, et constata la visite matinale du trop complaisant voisin. L'indiscret mari, à la vue du fruit nouveau, éprouva sans doute une illusion d'optique :

> La jalousie a des impressions
> Dont bien souvent la force nous entraîne,
> Et l'âme la plus sage, en ces occasions,
> Sans doute avec assez de peine,
> Répond de ses émotions.

Troublé par la présence du visiteur, il ne crut rien de mieux à faire que d'aller quérir la gendarmerie, dans l'intention de faire prendre l'intrus dans son propre logis : *flagrante delicto*. Inutile de dire qu'à l'arrivée de cette escorte notre visiteur n'occupait plus depuis longtemps déjà la même place ; il s'était retiré dans ses propres foyers. La gendarmerie prit alors des informations auprès de la dame, qui raconta franchement ce qui s'était passé. Cependant les gendarmes, qui n'ont point l'habitude de se déranger inutilement, jugèrent bon de mettre en lieu sûr le gracieux voisin, qui attendit là le mois de prison qui lui fut adjugé plus tard. Et voilà comment il fut puni de s'être montré trop prodigue du fruit de sa vigne !

L'histoire de cette bonne mésaventure nous servait tous les jours de café, et en même temps les heures s'écoulaient aussi vite que la fumée qui sortait de notre marmite.

En attendant l'époque de notre sortie, nous nous promîmes l'un et l'autre, à l'avenir, de mettre un frein à notre complaisance.

Un jour, comme nous étions à parler, le cuisinier et moi, de son prochain départ, celui-ci me dit : « Je vais vous faire

part de l'impression que j'ai sur le compte de votre avenir. »
Oui, lui dis-je, faites-moi ce plaisir. « Eh! bien, je vous pré-
dis que vous êtes arrivé au terme de vos revers; qu'à l'avenir vous aurez plus de chance, et que vous serez heureux
tout le restant de vos jours. »

Et qu'est-ce qui vous fait croire cela ? lui dis-je.

« C'est, reprit le cuisinier, parce que vous couchez dans la
chambre d'un pendu. Un homme, au moyen d'une corde, a
été se pendre, il y a peu de temps, dans la chambre que
vous habitez ; et comme il n'y a rien qui porte plus de bonheur que de coucher dans la chambre d'un pendu, je ne puis
que vous féliciter sur le sort heureux qui vous est réservé. »

En effet, ayant pris des informations au sujet de ce sui-
cide, je me convainquis que le cuisinier ne m'abusait pas.
Quant à la réalisation de sa prophétie, je veux bien y croire
tout de même; seulement, je ne pourrai véritablement en
être assuré que dans trente ou quarante ans d'ici. Toujours
est-il que ma nouvelle bonne chance s'annonça d'une drôle
de façon.

L'aimable propriétaire du n° 3 des allées Lafayette m'envoya mon congé. Cet acte de perfidie, en ce moment, je dois
le dire, m'était presque indifférent, attendu que j'étais logé
pour rien. Je n'avais qu'un seul regret : c'était de ne pas moi-
même l'avoir déjà demandé avant mon incarcération, car
dans ce cas j'aurais eu à payer un trimestre de moins.

Quoi qu'il en soit, voici la lettre qu'elle m'écrivit, sans
ménagement :

« Toulouse, le 2 novembre 1874.

« Monsieur,

« C'est avec le plus grand regret que je viens vous donner le congé de l'appartement que vous occupez dans mon
hôtel, allées Lafayette, 3. Il est inutile de vous dire les rai-

sons qui m'obligent à en venir là, vous les comprendrez. Ayez la bonté de me répondre dans le plus bref délai, en acceptant le congé, car il me serait bien pénible de vous le faire signifier par huissier. J'espère n'avoir pas besoin d'employer envers vous de tels moyens.

» Veuillez, Monsieur, agréer mes salutations.

» Veuve VITRY. »

Elle me dit, au commencement de sa lettre, que « c'est avec le plus grand regret qu'elle me donne le congé. » Mais, si elle le regrette tant, pourquoi vient-elle me le donner ?

Ce qu'elle regrette, évidemment, c'est l'argent qu'elle avait l'habitude de toucher régulièrement avant chaque trimestre.

En mon absence, elle a trouvé à louer le local que j'occupe cent ou cent cinquante francs de plus : voilà tout son regret.

Ensuite, plus loin, elle ajoute : « les raisons qui m'obligent à en venir là, vous les comprendrez. »

Eh ! comment faire pour comprendre les raisons de cette bonne dame ? Ce serait, je crois, fort difficile, du moment où elle change si souvent de raisonnement sur ce qui l'intéresse. Ainsi, venant de son pays (de la Corse) et lancée dans Toulouse, comme une planche au milieu des flots, elle entra enfin au service de M. Vitry. A cette époque, en parlant des locataires de la maison, cette dame disait : « les locataires de M. Vitry ; » plus tard, elle dit : « nos locataires ; » aujourd'hui, elle emploie le pronom possessif : « ce sont mes locataires. » Si cette dame n'est pas toujours claire, elle sait du moins bien comprendre ses intérêts.

Maintenant, que doit-elle vouloir dire par ces mots : « les raisons qui m'obligent à en venir là. »

Je ne chercherai pas à pénétrer ce secret, cela n'en vaut vraiment pas la peine.

Quoiqu'il en soit, et dans la crainte de faire languir cette charitable personne, touché, à son égard, d'un peu plus de

compassion pour elle qu'elle n'en avait eu pour moi, voici
quelle fut ma réponse :

Madame,

J'accepterai, vous pouvez le croire,
Votre congé très volontairement ;
Mais, en attendant, je m'en vais boire,
Le bouillon pointu du gouvernement.

SURVILLE.

La bonne dame, ne comprenant pas ma réponse, m'écrivit
de nouveau :

« Toulouse, le 4 novembre 1874.

« Monsieur,

» Je ne comprends vraiment rien à votre lettre. Vous me
dites que vous accepterez le congé quand je voudrai vous le
donner. Mais il me semble que je me suis bien expliquée
dans ma lettre en vous donnant le congé. Puisque donc je
n'ai pas été comprise, je viens vous répéter que je suis forcée
de vous donner le congé de l'appartement que vous occupez dans mon hôtel. En conséquence, les locaux devront être
libres le 14 février 1875. Dans le reçu du trimestre à courir,
et que je remettrai à la personne que vous aurez chargée
de vous remplacer, le congé sera spécifié. Veuillez, en attendant, me répondre le plus tôt possible, pour confirmer que
vous avez reçu le congé et que vous l'acceptez.
» Agréez, Monsieur, mes salutations.

» Veuve VITRY. »

Du moment qu'elle ne comprenait pas ce que je lui disais
dans ma première lettre, la bonne dame, probablement,
n'aurait pas été plus heureuse avec une seconde ; c'est pourquoi cette fois je ne jugeai pas à propos de lui répondre.

Pourquoi cette charitable propriétaire, au lieu de venir me chercher jusques dans ma cellule, ne m'a-t-elle pas signifié mon congé avant mon incarcération ?

Tout simplement parce qu'il y a des personnes qui aiment à torturer les autres.

Il arrive presque toujours que lorsqu'un pauvre malheureux vient par hasard à recevoir une pierre sur son dos il se trouve de charitables imitateurs qui ne se font pas attendre pour en lancer toute une corbeille pour achever de l'écraser.

Voilà l'indigne conduite de la propriétaire corse, envers laquelle je me suis toujours bien conduit, et qui, en retour, est venue en un pareil moment me faire les menaces les plus amères, et qui a agi, à mon égard, comme jamais de la vie personne n'avait fait jusqu'à ce jour.

Mais je lui pardonne !

Qui ne craint point la mort, ne craint point les méchants.

« *Reçu du trimestre courant.* — Je déclare avoir reçu de M. Surville la somme de 137 fr. 50 cent., montant du trimestre qui a commencé le 15 novembre 1874, et finira le 14 février 1875, pour le loyer d'un appartement qu'il occupe dans mon hôtel, boulevard du 22 Septembre, n° 2, et pour le droit du concierge. Ayant donné le congé à M. Surville, il devra quitter ledit appartement le 14 février 1875.

» Toulouse, le 12 novembre 1874.

» Veuve VITRY. »

COPIES

Congé par acte. — L'an mil huit cent soixante-quatorze et le treize novembre,

Nous Laurent Lézat, huissier au tribunal civil de Toulouse, y demeurant, petite rue Saint-Rome :

Le soussigné, à la requête de la dame Sivory, veuve de

monsieur Henri Vitry, propriétaire, domiciliée à Toulouse, allées Lafayette, 3,

Avons, par le présent, donné congé à monsieur Surville, médecin-magnétiseur, domicilié à Toulouse, pour avoir à rendre libres, le quinze février prochain, tous les locaux qu'il occupe dans l'hôtel de la requérante, sis à Toulouse, allées Lafayette, 3, et ce, en bon état de réparation locative, tels d'ailleurs qu'il les a reçus ; lui déclarant que, faute de déférer au présent, la requérante se pourvoiera aux formes de droit. Dont acte.

Laissé cette copie audit monsieur Surville, en son domicile, en parlant à la personne de son concierge.

Coût : sept francs cinquante-cinq centimes.

L. Lézat.

Je ferai remarquer, d'après ce qui précède, que, dans ma profession de médecin, le malheur qui était venu me frapper et puis l'expulsion de mon domicile pouvaient avoir pour conséquence la ruine de ma carrière.

C'est probablement pour cela que la charitable héritière de ce logement venait me donner mon congé.

> Vos attraits, belle Vitrie,
> Ne mettront point votre vie
> Hors des atteintes du sort :
> Il vous promène sans cesse,
> Du bel âge à la vieillesse,
> De la vieillesse à la mort.

Comme on vient de le voir, dans le cas où je n'aurais pas eu d'autres préoccupations d'esprit, on avait eu soin de m'en fournir ; cependant, mon esprit était déjà assez occupé (1).

---

(1) Pendant mon séjour de détention, j'ai consacré une partie de mon temps à des études physiologiques sur les prisonniers. Cette circonstance m'a fourni l'avantage de préparer un travail sur l'étude de la phrénologie et de la chiromancie, que je ferai paraître sous peu de temps, dans l'intention de vulgariser cette science.

Mon premier soin fut tout d'abord de choisir un nouveau local, beaucoup plus convenable que l'ancien, et je résolus d'annoncer, lorsque faire se pourrait, à tous mes clients, au moyen d'une expédition de quarante mille circulaires, que je n'étais pas mort, comme il y avait quelques personnes qui se plaisaient à le dire.

Au milieu de ces péripéties, ayant en perspective un surcroît de dépenses, car je voyais que pour mon changement de domicile et l'avis à ma clientèle une somme de deux mille francs allait encore y passer, je ne laissais pas que d'être parfois mélancolique. Très heureusement pour ma santé, le bon cuisinier était encore là pour me faire oublier mes revers.

C'est ainsi que, dans ma tristesse, il se plaisait à me parler de sa voisine, en ajoutant que si elle était là pour lui aider à tremper la soupe, le temps lui paraîtrait moins long, etc., etc. Tout cela avait ce grand avantage d'alimenter notre gaieté et de nous faire oublier le chagrin.

L'individu qui occupe l'emploi de cuisinier dans la prison n'est pas, je dois le dire, aussi à plaindre que les autres pensionnaires de l'établissement; car il a cet avantage de savoir le premier ce qui s'est bouilli dans la marmite, et, par conséquent, ce qu'il mangera : c'est beaucoup.

Pour terminer cette histoire, je vais me permettre de vous faire part du menu des repas de prison.

Ne croyez pas, cependant, que malgré la bonté et la bonne qualité des aliments, je veuille donner l'envie à quelqu'un d'aller les goûter, bien loin de là; je fais des vœux pour ne plus avoir moi-même à y revenir.

Voici donc le régime avec lequel on vit là-bas, et on se porte bien, car durant le peu de temps que j'y ai passé on n'a constaté aucune maladie.

MAISON D'ARRÊT

BULLETIN DE VIVRES

Le 1er novembre 1874.

	k.	gr.
Pain de soupe	1,300	»
Viande	1,950	»
Pommes de terre	3,900	»
Légumes verts	130	»
Oignons	270	»
Graisse	50	»
Sel	130	»
Poivre	130	»

Effectif pour 13 personnes.

Le gardien chef, H.

Du 2 novembre 1874.

	k.	gr.	c.
Pain de soupe	1,700	»	
Pommes de terre	5,100	»	
Choux, carottes et oignons	1,560	»	
Graisse	242,50		
Sel	170	»	
Poivre	170	»	

Effectif pour 17 personnes.

Le gardien chef, H.

Du 3 novembre 1874.

	k.	gr.	c.
Pain de soupe	1,700	»	
Pommes de terre	5,100	»	
Légumes verts	1,560	»	
Graisse	112,50		
Sel	170	»	
Poivre	170	»	

Effectif pour 17 personnes.

Le gardien chef, H.

Du 4 novembre 1874.

	k.	gr.	c.
Pain de soupe	1,500	»	
Lentilles	1,400	»	
Légumes verts	1,200	»	
Graisse	187,50		
Sel	150	»	
Poivre	150	»	

Effectif pour 15 personnes.

Le gardien chef, H.

Du 5 novembre 1874.

	k.	gr.	c.
Pain de soupe	1,600	»	
Pommes de terre	4,800	»	
Légumes verts	1,280	»	
Graisse	200	»	
Sel	160	»	
Poivre	160	»	

Effectif pour 16 personnes.

Le gardien chef, H.

Du 6 novembre 1874.

	k.	gr.	c.
Pain de soupe	1,700	»	
Lentilles	1,700	»	
Carottes et oignons	1,360	»	
Graisse	112,50		
Sel	170	»	
Poivre	170	»	

Effectif pour 17 personnes.

Le gardien chef, H.

Voilà le régime quotidien pour tout l'effectif, plus 750 gr. de pain pour chaque personne (comme les soldats), et de l'eau à volonté dans la journée.

Ce régime est absolu pour les individus qui n'ont pas un sou vaillant dans les poches; tandis que ceux qui ont quelque peu d'argent peuvent dépenser cinq sous par jour, soit pour du vin ou de la viande; et je puis vous assurer que c'est beaucoup plus que suffisant pour ne pas mourir de faim.

C'est avec ce régime ou à peu près qu'avant de sortir j'ai pu constater à la bascule, la veille de ma sortie, deux kilogrammes de graisse de plus sur moi :

> Dieu tient le cœur des rois entre ses mains puissantes,
> Il fait que tout prospère aux âmes innocentes.

MAISON D'ARRÊT

BULLETIN DE SORTIE

Le Gardien chef de la maison d'arrêt, soussigné, certifie que le nommé C. Surville, médecin, condamné par la Cour d'Appel de Toulouse, le 7 mai 1874, à trois mois de prison..... Fini le 7 janvier 1875, l'ayant commencé le 7 octobre 1874.

Le 7 janvier 1875.

                                    Le Gardien chef, H.

> Les plus sombres nuits finissent,
> Leurs ombres s'évanouissent,
> Et rendent bientôt le jour.
> Mais quand l'aimable jeunesse
> A fait place à la vieillesse,
> Elle ignore le retour.

13

XVII

Extraits du magnétiseur universel.

J'ai lu, il y a quelque temps, sur un journal de magnétisme, publié par un de mes confrères et ami de Paris, M. Fauvelle Le Gallois, plusieurs articles qui seraient très intéressants à signaler. Mais à cause de leur étendue et de leur importance, j'ai le regret de ne pouvoir en reproduire que quelques simples extraits à titre d'hommage confraternel et aussi dans l'espoir d'être agréable au lecteur.

Le magnétiseur universel, recueil des progrès spiritualistes, dans sa première livraison 1864, renferme les correspondances suivantes, adressées à M. Fauvelle Le Gallois, directeur du journal.

A MONSIEUR FAUVELLE LE GALLOIS.

« Paris, ce février 1864.

» Monsieur et ami,

. . . .

» J'avais besoin de quelqu'un pour me diriger dans cette voie, et je ne l'avais pas rencontré jusqu'ici. Si l'on veut me seconder, me fournir les documents nécessaires, avec ceux que j'ai, on pourrait faire une œuvre sur le magnétisme spirituel, qui fît contribuer à hâter la réalisation de ce vœu de tous les vrais amis de l'humanité :

Que les enfants des ténèbres deviennent les enfants de la lumière !

» Il faudrait que les *magnétiseurs spiritualistes,* dont

vous êtes à Paris incontestablement le premier, remontas-
sent aux mages d'Egypte, à Moïse, à Jésus, Zorpastre,
Orphée, etc.

» Car nos *somnambules* clairvoyants ne sont que des
reproductions des prophètes chez les Hébreux, des pythies
à Delphes, des sibylles à Cumes, des Druides, des Vel-
leda, etc... Démontrer que la séparation de l'être immatériel
avec le corps a été entrevue, depuis la plus haute antiquité,
par Pythagore, Platon, Hippocrate, qui dit que l'âme voit
très clairement la maladie intérieure du corps et peut en
suivre le cours par avance ; par Philon, le juif, qui dit que
ce n'est pas Dieu qui a parlé aux hommes d'une voix maté-
rielle, que c'est l'âme qui, étant éclairée par la lumière la
plus pure, rayonne vers Dieu à travers l'espace et converse
avec lui.

» Toute imparfaite qu'elle est, la science magnétique est la
voie qui ouvre le plus vaste avenir au monde DE LA VÉRITÉ
ET DE LA LUMIÈRE.....

» QUINTIN DURVARD. »

Le *Sauveur des Peuples*, de Bordeaux, vient de publier
un article sur la *Révélation*. Il mériterait d'être reproduit en
entier, à la suite de la lettre de M. Quintin Durvard ; mais le
temps et le manque d'espace nous obligent à n'offrir à nos
lecteurs que l'extrait suivant, qui, en somme, est le résumé
de l'œuvre :

« .....La morale est toute dans l'humanité ; elle est puisée
dans le libre arbitre de l'homme et dans la *révélation*, soit
dans l'esprit incarné, missionnaire de Dieu, soit dans l'esprit
proprement dit, agissant aussi auprès de l'homme en bon
collaborateur, et faisant ainsi, ces deux agents de lumière
divine, partie intégrante de l'humanité où tout est d'ailleurs
révélation.

» Le savant ne se révèle-t-il pas par son génie? l'igno-
rant, par l'infécondité de son esprit? l'artiste, par ses

œuvres. originales ? le poète, par les chants de sa muse ?
le magistrat, par ses sentences? l'ami dévoué, par les
épanchements de son cœur ? — De même, dans la nature,
tout se prodigue, tout se communique, *se révèle*, jusqu'aux
limites tracées par le Tout-Puissant.

» La *révélation* est dans la nature, dans la nature, œuvre
de Dieu. Donc, la révélation émane de la justice et de la
bonté de Dieu.

» T. GUÉRIN. »

Nous trouvons, dans le *Divan* du 12 avril 1857, les
réflexions suivantes publiées dans plusieurs journaux, tels
que la *Vie humaine*, de Riche-Gardon :

« Nous n'avons rien à ajouter à l'article de l'un des fon-
dateurs de la Société magnétique. Nous n'avons qu'à nous
incliner devant la lucidité extraordinaire de M⁰⁰ Fleurquin,
et devant ce dévouement si désintéressé et si plein d'abné-
gation, dévouement que nous lui avons vu déployer dans
toutes les occasions qu'elle a rencontrées de faire le bien. Nous
regrettons seulement que le nom de M. Fauvelle Le Gallois
ne soit pas prononcé, et c'est au nom de la justice que nous le
rapprochons de celui de M⁰⁰ Fleurquin, dont, de tout temps,
M. Le Gallois a été le digne collaborateur, l'unique magnétiseur et, de plus, son fidèle intermédiaire près de tous les
malades qu'elle a secourus et guéris, sous son inspiration qui
la rend puissante, si faible qu'elle soit, surtout quand depuis
sept ans, lui et son sujet, ont fait tant de cures qui sont in-
connues, excepté des malades qu'ils ont guéris après avoir
été abandonnés et appauvris par les plus grandes renommées médicales, lesquelles renommées ont eu souvent occasion de visiter et d'interroger les somnambules de M. Fauvelle Le Gallois. C'est un droit pour nous de rendre à
M. Le Gallois la part de bienfait et de gloire qui lui revient
dans cette bonne action, un devoir de le désigner à la recon-

naissance publique et un bonheur de le signaler à notre propre cœur. »

« Au moment où nous recevons de M. de Grandval l'article qui précède, voici que Mme de Ligny vient plonger notre cœur dans le deuil, en nous apprenant la fin prématurée de Mme Fleurquin, à laquelle elle a voulu, la première, payer le tribut de son admiration (1) :

A MADAME FLEURQUIN (4)

Quand tes yeux sont fermés, par le sommeil couverts,
C'est alors qu'ils sont beaux, car, pour le ciel ouverts
    Ils en contemplent les merveilles.
Ton âme, loin du monde, et s'épure et grandit,
Ton esprit est sublime, il s'élève et frémit
    Sous le prisme aux couleurs vermeilles.

Puis, inutilement, quand nous avons cherché,
Tu trouves les secrets; pour toi rien n'est caché
    Ni de l'un ni de l'autre monde ;
Les trésors enfouis, ni les replis du cœur,
L'âme alors transparaît, et le rire moqueur
    Et le vice au contact immonde.

Tu vois dans le passé, l'avenir, et souvent
Tu lis tout un destin sur un sable mouvant,
    Où cherche en vain l'aveugle foule.
La vie est une chaîne invisible à nos yeux,
Chacun de ses anneaux, ici-bas comme aux cieux,
    Se tient, s'enroule et se déroule.

Mais le don merveilleux que tu reçus encor,
Le plus noble de tous, c'est — plus rare que l'or
    De consoler celui qui souffre
Au nom de la sagesse et de l'humanité,
De lui rendre l'esprit, la force et la santé,
    De l'arracher du bord du gouffre !

(4) *Magnétiseur universel*, 10e et 11e liv., 1866, p. 171.
(2) Somnambule de M. Fauvelle Le Gallois, magnétiseur humanitaire.

Pythie ou Velléda, mais oracle charmant,
Tu peux à nos regards percer, en un moment,
    Le nuage sur les étoiles ;
Franchir le temps, l'espace, et voler sur les mers,
Sonder la profondeur du lac aux flots amers :
    Pour toi la nature est sans voiles.

De ta double existence on envierait le sort.
Tu connais le chemin qui nous conduit au port
    Où s'achève notre carrière,
Car un rayon céleste en ta belle âme a lui,
Et de ton front, qui ceint la verveine ou le gui,
    S'échappent des flots de lumière.

Mᵐᵉ de LIGNY.

La lettre suivante est l'affirmation de ce que dit M. Robert des Aulnes et le commencement d'une série de correspondances de personnes distinguées appartenant à toutes les classes de la société.

Ce sera toujours avec le plus grand plaisir que nous insérerons de semblables témoignages, de quelque part qu'ils viennent, mais seulement lorsqu'ils seront garantis par des autorités aussi militantes et aussi honorables que celle du regrettable M. le docteur Fr. Broussais.

                                « Paris, le 13 avril 1857.

» Monsieur Le Gallois (1),

» J'ai lu avec intérêt les stances pleines de sentiment que Mᵐᵉ Jobey de Ligny a composées sur la mort de Mᵐᵉ Fleurquin.

» A l'aide du magnétisme, vous et Mᵐᵉ Fleurquin avez opéré de belles guérisons ; j'ai fait aussi quelque bien par cette influence qui est réelle, qui est naturelle, et qui mérite d'être étudiée par les médecins.

(1) Le *Magnétiseur universel*, première livraison, 1864, p. 6.

» Mme Fleurquin ne fut connue de moi qu'un instant; mais je l'ai jugée excellente de cœur. Sa perte me cause une vive peine.

» Faites agréer l'expression de mes regrets à sa famille, et recevez mes affectueuses salutations.

» Fr. BROUSSAIS, doct.-méd.
» *Rue de Penthièvre*, 19. »

LA LUMIÈRE OU LA SOMNAMBULE DE TOUS LES TEMPS ([1])

A feue Madame FLEURQUIN

LA GRANDE SPIRITUALISTE

A la mémoire de laquelle un monument a été élevé, par souscription,
au cimetière Montmartre, en 1857,
par les soins et sous la direction de M. LE GALLOIS, ex-éditeur.

Réveillez-vous, ma douce amie,
O prophétesse de nos jours!
Vivez, ma sœur, ma poésie,
Vivez, lumière, nos amours!

Pour que partout on marque votre place,
Pour que les arts peignent votre fierté,
Notre âme un jour voguera dans l'espace :
Donnons la vie, aimons l'humanité !

Soyez étoile, dans la vie,
Pour guider les pauvres humains;
Brillez en France en *Italie*,
Sur les flots et sur les chemins.

([1]) LE MAGNÉTISEUR UNIVERSEL, première livraison, 1864, p. 14.

Pour que le pauvre, ici-bas où tout passe,
Porte vos noms à l'immortalité,
Notre âme un jour voguera dans l'espace.
Donnons la vie, aimons l'humanité !

Ma Velléda, tu fus chérie,
Le Gaulois fleurit ton berceau,
En Egypte, en Grèce, en Asie,
A Rome on vit par ton tombeau.

En Galilée, partout on suit ta trace,
C'est qu'en ton cœur tu portes la bonté ;
Notre âme un jour voguera dans l'espace,
Dieu nous unit, aimons l'humanité.

Si de Moïse la lumière
Eclaira le monde nouveau,
Confucius aima son frère,
Jésus affronta le bourreau,
C'est qu'à leur front ton étoile divine
Eblouissait un monde épouvanté !
Saint Jean pour toi cueillera l'aubépine,
Sur ton beau front luira la liberté !

Auguste FAUVELLE LE GALLOIS.

FIN.

ERRATA

—

Page 40, ligne 22, dernier mot du vers, au lieu de : *Fait taire les droits*, lire : *Fait taire les loix.*

Page 51, ligne 18, au lieu de : *loi du 29 ventôse*, lire : *loi du 19 ventôse.*

A la dernière ligne de la même page, au renvoi, lire également : *loi du 19 ventôse.*

Page 116, ligne 8, cinquième mot, au lieu de : *fait*, lire : *faite.*

Page 128, ligne 11, au lieu de : 1856, lire : 1870.

Page 192, ligne 18, au lieu de : 212,50, lire : 112,50.

TABLE DES MATIÈRES

———

FIN DE LA TABLE DES MATIÈRES

AVIS AUX MALADES

TRAITEMENT SPÉCIAL

DE TOUTES SORTES

DE MALADIES CHRONIQUES

ET RÉPUTÉES INCURABLES

PAR

C. SURVILLE, médecin à Toulouse,

4, Allées Lafayette, 4.

20 ans de renommée. — Les guérisons remarquables qu'il obtient chaque jour sur les malades abandonnés par la médecine ordinaire lui ont fait acquérir une réputation générale dans tout le Midi.

Les observations, déclarations et attestations de guérisons qu'il a recueillies parmi sa nombreuse clientèle, et publiées à plusieurs milliers d'exemplaires, prouvent hautement les succès des divers moyens qu'il emploie.

Bien souvent une seule consultation suffit pour guérir la maladie la plus invétérée.

AVIS AUX CONSULTANTS

Cabinet de M. Surville.

Séances magnétiques et consultations médicales tous les jours, de 8 heures du matin à 3 heures du soir, à mon domicile, *Allées Lafayette, 4,* à Toulouse.

Un traitement médical et rationnel, à l'aide de la médecine, du magnétisme, du somnambulisme, du massage et de l'électricité, est appliqué selon le cas et la nature des maladies.

Après sa visite, tout malade qui se trouve éloigné de la ville peut rentrer chez lui pour suivre le traitement prescrit, et lorsqu'il se trouve soulagé, il peut, pour arriver à une complète guérison, continuer ses consultations par correspondance.

Les lettres doivent être affranchies, ainsi que les réponses, et les adresses lisiblement écrites.

Nota. — Toute consultation peut s'opérer par correspondance.

> « Si l'art nous abandonne,
> la nature nous reste. »
> MESMER.

REMÈDES CURATIFS

DE M. SURVILLE

1° **Ceinture galvano-magnétique.** — Traitement des affections nerveuses par l'application de cette ceinture. — Souveraine pour guérir les maladies de la moelle épinière, les névralgies, crampes, spasmes, migraines, les faiblesses nerveuses, les douleurs goutteuses et rhumatismales, etc., etc. — Prix. . . . . 10 fr.

2° **Liquidambar.** — Remède spécifique pour obtenir la guérison radicale et prompte, sans traitement interne, des leucorrhées, blennorrhagies, écoulements de toutes sortes, aigus ou chroniques, chez les deux sexes; chancres, ulcères, plaies, dartres, irritation de la peau, boutons, etc., etc. — Prix. . . . . 3 fr.

3° **Elixir vulnéraire.** — Pour les soins journaliers de la toilette de la bouche, et pour la guérison de toutes les affections buccales. C'est le plus précieux préservatif de la carie, en détruisant les *leptothrix buccalis*, etc., etc. — Prix de la bouteille. . . . . 2 fr. 50

4° **Laxatif de santé.** — Le purgatif le plus sûr, le plus doux, le plus rafraîchissant et le plus commode à prendre de tous les évacuants; — il chasse sans retour les fièvres typhoïdes, les rhumatismes, la goutte et la gravelle. — C'est un excellent remède, agissant comme *curatif* en même temps que comme *préservatif*.

- Dépôts à Toulouse : Pharmacie normale, Debarry, avenue Lafayette, 2 ; Vidal-Abbadie, place du Capitole; Duclot, rue des Balances, 35.

Nota. — Les commandes doivent être adressées à M. Surville, médecin, allées Lafayette, 4, Toulouse.

On n'expédie que contre remboursement.

OUVRAGES DE M. SURVILLE

1° Médecine magnétique et somnambulique. Guérisons surprenantes obtenues à l'aide du magnétisme et de la médecine somnambulique, et prouvées par des observations et des attestations d'une irrécusable authenticité. — Prix. 2 fr. 50

2° Nouveau traité des maladies de la bouche et chirurgie dentaire, comprenant l'hygiène et le traitement de toutes les affections buccales. — Prix. . . . . 2 fr.

3° Guérison du bégaiement. Exposé d'une nouvelle méthode. — Prix. . . . . 1 fr.

4° Extrait de la médecine magnétique et somnambulique. — Guérisons surprenantes obtenues par le magnétisme et au moyen d'opérations chirurgicales pratiquées sur des sujets rendus insensibles par le magnétisme.

5° Traitement des affections nerveuses par l'application de la ceinture galvano-magnétique, — renfermant un abrégé historique de l'application des métaux dans l'antiquité, du galvanisme, de l'électricité, du magnétisme, etc., etc. — Prix. . . . . 0 fr 50

6° Guérison de la gonorrhée et de la leucorrhée aiguës et chroniques chez l'homme et chez la femme. Description de toutes les formes de ces diverses affections, suivie d'un traitement spécifique. — Prix. . . . . 0 fr. 50

Nota. — Pour recevoir *franco* par la poste une ou plusieurs des brochures sus-mentionnées, envoyer le montant en timbres-poste à l'auteur, C. SURVILLE, médecin, allées Lafayette, 4, à Toulouse (Haute-Garonne).

Toulouse. — Imprimerie Centrale, E. VIGÉ, rue des Balances, 43